Library of
Davidson College

# SLAVES IN ANCIENT GREECE

# SLAVES IN ANCIENT GREECE

## SLAVES FROM GREEK MANUMISSION INSCRIPTIONS

By

LINDA COLLINS REILLY

**ARES PUBLISHERS INC.**
7020 NORTH WESTERN AVENUE
CHICAGO, ILLINOIS 60645

© Copyright 1978
ARES PUBLISHERS INC.

Printed in the United States of America
International Standard Book Number:
0-89005-223-9

## TABLE OF CONTENTS

Acknowledgements ........................................... vi
Abbreviations .............................................. vii
Introduction ............................................... ix
Addendum ................................................... xiv
Corrigenda ................................................. xvi
Prosopography .............................................. 1
Index of Towns by Geographical Area ........................ 147
Index by Towns ............................................. 149

## ACKNOWLEDGEMENTS

Many people have helped me complete this project. They know who they are, and that I thank them. I especially wish to thank my husband, Thomas J. Reilly, for his constant encouragement. I am greatly indebted to Professor James H. Oliver, who directed the original version of this study as a doctoral dissertation at The Johns Hopkins University. John C. Misiaszek devised the computer program and carried out the technical portion of the computerization of the entries, and for his expertise and patience I am most grateful.

For financial assistance I wish to express my appreciation to the Center for Hellenic Studies, the Howard Foundation of Providence, R.I., and the Faculty Research Committee of the College of William and Mary.

I dedicate this work to Sterling Dow, of whom it is in no way worthy.

LINDA COLLINS REILLY

The Center for Hellenic Studies
Washington, D.C.
April 14, 1975

College of William and Mary
Williamsburg, Virginia

## ABBREVIATIONS

The abbreviations used, in addition to those given in the introduction, are from the *AJA* 74, pp. 3ff., with the following exceptions:

*AE* = 'Αρχαιολογικὴ 'Εφημερίς

*ASAL* = *Abhandlungen der sachsischen Akademie Leipzig*

*Ditt. - Purg.* = Wilhelm Dittenberger and Karl Purgold, *Die Inschriften von Olympia*, textband V, Amsterdam 1966.

*Evangelides* = 'Ηπειρωτικαὶ ἔρευναι, 'Ηπειρωτικὰ Χρονικά I, pp. 192-264

*Gonnoi* = Bruno Helly, *Gonnoi* II: Les inscriptions, Amsterdam 1973

*InscJuridGrec* = *Recueil des Inscriptions Juridiques Grecques*, R. Dareste, B. Haussoullier, T. Reinach, Rome 1965

## INTRODUCTION

The idea of collecting the slaves named in ancient Greek inscriptions is not a new one, but an alphabetized collection of the persons of servile status from a wide geographical area has not hitherto been available. The two works which attempt to collect the names of slaves from Greek inscriptions are old and difficult to use because of their method of organization and their lack of indices. The first of these works, *Die griechischen Sklavennamen*, by Max Lambertz,[1] was published in 1907-1908. It contains approximately 1100 names, and these are divided into fifteen groups, some of which are subdivided, and then alphabetized. The groups are specific, e.g. slaves named for historical personages (IV), and adjectives as slave names (X), names of abstract ideas as slave names (IX). There is no index of the names and no list of the groups and their subdivisions, so the reader must leaf through the work in search of the appropriate group without knowing the full range of groups from which he may choose. If more than one name is being sought, the process can become tedious.

In 1908 another work of the same type appeared, *De Servorum Graecorum Nominibus*, by Siegfried Copalle.[2] The same problem in organization is evident. The author concentrates on slaves whose names, either wholly or in part, are similar to the names of their masters or members of the families of their masters. These are again divided into groups, e.g. slaves named for their masters (A), slaves named for the father of the master (B), slaves named for wives, children, and other close relatives (C). The second part of the work lists slaves from Greek and Roman comedy and distinguishes those which are "proved" by historical examples. These are indeed at the

---

1. Max Lambertz, *Die griechischen Sklavennamen*, pt. 1, Vienna, 1907; pt. 2, Vienna, 1908.
2. Siegfried Copalle, *De Servorum Graecorum Nominibus*, Marburg, 1908.

end and are the most interesting element of the work. The number of new names added by Copalle to Lambertz' total is small.

These two collectors of slave names were hampered in their labors by the state of their source material. The two largest sources of slaves in Greek inscriptions were not fully published by 1907-1908. The manumission inscriptions from Delphi, although many have been included in the *Sammlung der griechischen Dialektinschriften* (*GDI*) which had been published at that time, were not nearly as numerous as they have become since the *GDI* has been supplemented by the *Fouilles de Delphes* (*FD*) and the *Supplementum Epigraphicum Graecum* (*SEG*). The second large body of epigraphical source material, the Thessalian manumission records, is contained in volume IX, 2, of the *Corpus Inscriptionum Graecarum* (*IG*), published in 1908 and unknown to both Lambertz and Copalle. The Thessalian material was difficult of access prior to this publication. In addition, in the years since 1908 many new sources of names have come to light.

The present study is a collection of the slaves from Greek manumission inscriptions from the Greek mainland and the islands of the Aegean dating from the fifth century B.C. to the third century A.D. The decision to limit the slaves included to those from manumission inscriptions was made in order to prevent any person of uncertain status from being listed. An attempt to collect all the slaves from all types of Greek inscriptions must wait for a substantial improvement in our knowledge regarding the status of the persons mentioned. For example, the dedications and sepulchral monuments consisting of a single name without patronymic or indication of origin or class present at this time an insoluble problem. Lambertz' work illustrates the difficulty. He arbitrarily includes some persons from these inscriptions although he does not indicate that they are of questionable status. By utilizing only manumission inscriptions, the reader is spared the necessity of deciding for himself the status of every person listed.

Each entry contains the name of the manumitted slave in the nominative, the epigraphical source, provenance and date.[3] When additional information is included in the manumission, such as a profession, a place of residence, an ethnic designation or an

---

3. Dates are in general from the publication cited. For the dates of Delphian inscriptions, see Georges Daux, *Chronologie Delphique*, Paris, 1945.

indication that the slave was born in the master's household,[4] it is included in the entry exactly as it is found in the inscription. In rare cases,[5] a change of the slave's name is indicated, and this is included in the entry. In manumissions from Thessaly[6] and Delphi[7] where a proper name in the genitive appears in the genitive after the name of the slave being manumitted, the name in the genitive has been omitted. Whatever the status is of these persons named in the genitive and whoever they were, they are not included as entries since they are clearly not being manumitted. In the manumissions from Athens the occupations of the slaves and their demes of residence are sometimes heavily abbreviated.[8] These abbreviations have been

4. οἰκογενής, ἐνδογενής, οἴκουεν If one of these designations is not given, it is usually impossible to ascertain how the person in question came to be a slave.

5. #977, #1324

6. Genitives after slave names are preserved in manumission inscriptions from the following Thessalian towns:
Crannon - *IG* IX,2,463
Halos - *IG* IX, 2,109
Lamia - *IG* IX,2,71-3
Larisa - *IG* IX, 2,539,540,554,568 and *Deltion* 1927-8, no. 5, pp. 58-9.
  *IG* IX,2,553 has forms appearing to be patronymic adjectives.
Melitaea - *IG* IX, 2,206
Phalanna - *IG* IX,2,1232
Pherae - *IG* IX, 2,414 has forms appearing to be patronymic adjectives.
Pyrasos - *IG* IX,2,133
Scotussa - *SEG* 15 370

and the problematic inscription *IG* IX,2,538 from Larisa. The names in the genitive after slave names are the names of men exclusively except in *IG* IX, 2,538. This inscription, which precedes the manumissions from Larisa in the *IG*, and which is listed in the *Conspectus Titulorum Secundum Genera Digestorum* of the volume as a manumission, is damaged at the beginning. It cannot be determined if it is in fact a manumission and the names which might be those of manumitted persons have not been included in this index. The names in the genitive after the names of slaves in Thessalian manumission inscriptions have never been satisfactorily explained but there are likely possibilities. The person named in the genitive may be a *prostates* or protector of the newly manumitted slave, or he may be the natural father of the slave, or in some instances he may be both. For a discussion of this, see A.M. Babakos, "La Mention du Prostate dans les Affranchissements Thessaliens," *BCH* 86 pp. 494-503.

7. For examples of genitives after slave names at Delphi, see *GDI* 1727, *GDI* 2080, *FD* III,2,219, and possibly *FD* III,3,273.

8. *IG* II² 1553-1578 have been viewed as representing part of the manumission procedure at Athens. See M.N. Tod, *BSA* 8 pp. 197ff., A.R.W. Harrison, *The Law at Athens*, (Oxford, 1968), pp. 182ff., and David M. Lewis, *Hesperia* 37, pp. 368-380. Expansions of the abbreviations will be found in the publications cited for the Athenian inscriptions.

incorporated into the entries exactly as they are in the inscriptions without any attempt to expand them into their full form.

Some of the entries include the phrase "freed under a paramone restriction" or "apolysis from paramone."[9] A slave placed under a paramone restriction by his manumittor was legally free at the time of his manumission, but was obligated to fulfill certain requirements by the paramone, just as any free person might be bound by a contract. Any slave named in either a manumission with paramone restriction or in an apolysis, the release from paramone, has been regarded as manumitted and is listed among the entries.

The epigraphical source given for each entry is the most recent one which has any bearing on the name of the slave. Sources which correct or expand portions of an inscription other than the slave's name have not been cited. In cases where there are different readings of the same inscription regarding the slave's name, cross-references are given.

Each name has been alphabetized exactly as it appears in the inscription containing it. It will be noted that in some instances the accentuation of a name may differ in individual entries. The accents are given as they are in the publication cited for each entry, and no attempt has been made to standardize or correct the accents.

The text and index by towns were generated by computer at the Computer Center of the College of William and Mary. The computer would not have been able to sort the entries according to source, that is, all the examples of a particular name from the *FD* together, all those from the *GDI* together, etc., without substantial additions to an already expensive program, and any inconvenience caused by this is regretted. It is consoling to know that an action so simple for a human is so difficult for the machine. The Greek characters provided by IBM are for the most part quite acceptable except that the lower case gammas are placed too high relative to the other letters and the lower case kappas and chis are rather similar in appearance. One becomes accustomed to the forms quickly, however.

9. On the paramone in general, see Alan E. Samuel, "The Role of *Paramone* Clauses in Ancient Documents," *JJurPap* 15 pp. 221-311, and W.L. Westermann, "The *Paramone* as General Service Contract," *JJurPap* 2, pp. 9-50. The freeing of a slave under a paramone restriction is common at Delphi and occurs elsewhere. M. Bloch, *Die Freilassungsbedingungen des delphischen Freilassungsinschriften* (Strassburg, 1914), p. 26, tabulated 854 examples of Delphic manumissions and found paramone restrictions in 285 of them.

The greatest value of a work of this type lies in completeness. It would be presumptuous to suggest that every extant Greek manumission inscription has been searched out and indexed, for they are scattered far afield, but it is hoped that a vast majority has been dealt with. Where omissions occur, I apologize to the slaves concerned.

College of William and Mary                    LINDA COLLINS REILLY
   Williamsburg, Virginia

## ADDENDUM

Since the completion of the list of entries additional sources of manumission inscriptions have come to may attention.

There are twenty-nine manumission inscriptions from Buthrotum in Epirus, published in Albanian in *Studime Historike* 20 (1966) Facs. 2, pp. 143-191, possibly datable to the late 3rd - early 2nd c. B.C. In this connection see also *REG* 87 (1974) p. 236, no. 319 and *REG* 89 (1976) p. 484, nos. 347 and 348. Other recent publications of manumissions are referred to in *REG* 89 (1976) p. 477, no. 313 and p. 479, nos. 331 and 332. There are manumissions from Thebae Phthiotides in *Praktika* 1972, pp. 45-48, containing the following names of manumitted slaves of the 1st - 2nd c. A.D. perhaps?):

Ἀθηναΐς, Ἀθηνῶ, Ἀγαθ[άγ]γελος, Ἀπάτη,
Ἐλπίς, Ξενοκράτεα, Σπόρος, Σύντροφος and
apparently Ζώσιμος, Λεῶπα, Διδύμη Ἀνιόχη(?)

The recently published *Fouilles de Delphes*, Tome III, *Epigraphie*, Fascicule IV, *Les Inscriptions de la Region Nord du Sanctuaire*, (Nos. 351-576), by J. Pouilloux, Paris, 1976, should be consulted for manumission inscriptions.

I have been unable to consult a reference found as C.B. Welles, *RID Ant* III 507ff., which may have manumissions.

Professor Christian Habicht has very kindly allowed me to include names from unpublished inscriptions found in 1969 at Demetrias, built into the basilica of Damokrateia. These will be published in a forthcoming volume of *Demetrias*. The names of the manumitted slaves are as follows:

Ἀβάσσκαντος, Ἀγέλη, Ἀγνή( ), Ἀκίνδυνος
Ἀλέξανδρος, Ἀρετή, Ἀττικός, Γαληνός, Διότιμος, Ἐπικράτηα, Ἑρμ[ι]όνη, Ἔρως, Εὐτυχία, Ζμύρνα, Ζωσίμη, Ζώσιμος, Θεόξα,
Ἰάσων, Ἰασιμάχη, Καρποφόρος, Λέων, Λύκα,
Λύκος, Μάριος, Μητρᾶς, Νεικήσων, Νεικόστράτα, Νίγερ, Πάνθηρ, Τύχη (twice), Ὕλας (twice)
Σεκούνδα, Συμφορῶ, Φηλείκλα, Φιλοκράτη,
Χρυσό[γ]ονος.

add entries:

Πλίννα ἐμ Πειραι οἰκ
IG II² 1553 11. 18-20
Athens
c. 330a.

Ἡ[ρ]ακλείδης ἐμ Με οἰκῶ κάπη
IG II² 1557 11. 47-50
Athens
c. 330a.

## CORRIGENDA

Entry number

7 add: freed under a paramone restriction
100 read: [Αἰ]θω
158 read: Ἀνάσω
256 add: and *GDI* 2200
350 add: freed under a paramone restriction
387 add: τὸ γένος Γαλάταν
568/7 delete one
833 read: Εἰσιάς
967 read: Ἑρμαῖος
1052 read: freed *from* a paramone restriction and cf. #1053
1065 read: Εὐλογία
1317 read: τὸ γένος Θρ[αῖσσαν]
1370-77 add rough breathings to each entry
1505 read: Ζμάραγδος
1507 read: Ἰουδαῖος, τὸ γένος Ἰουδαῖον
1518 read: Ἰσιάς
1529 read: Ἰσι[ῶν]
1545 delete entry
1557 add: freed under a paramone restriction
1769 add: freed under a paramone restriction
1868 read: Μένων
1994 add: freed under a paramone restriction
2427 read: Ῥόδιον
2544 read: freed *from* a paramone restriction and cf. #2545
2599 read: *GDI* 2168 (not 2158) and see *GDI* 2167
2960 add: freed under a paramone restriction
2965 read: Σωτώ

1 Ἀβάσκαντος
   IG IX.2.21,7
   Hypata
   c.130p.

2 Ἀβιδία
   IG IX.2.544,13
   Larisa
   41/2p.

3 Ἁβροσύνα
   GDI 1959
   Delphi
   153/2-144/3a.
   οἰκογενής

4 Ἁβροσύνη
   Hesperia 37 p.370 line 33
   Athens
   c. 330a.
   ἐμ Πειραεῖ οἰκ μυρόπωλιν

5 Ἀγάθα
   IG IX.2.1232,18
   Phalanna
   s.I/IIp.

6 Ἀγάθα
   IG IX.2.1232,30
   Phalanna
   s.I/IIp.

7 Ἀγαθᾶ
   GDI 1742
   Delphi
   170/69a.

8 Ἀγαθαμερίς
   GDI 1918 and GDI 1919
   Delphi
   init. s.IIa.
   paramone and apolysis

9 Ἀγαθαμερίς
   IG VII 3353
   Chaeronea
   s.IIa.

10 Ἀγαθαμερίς
   IG IX.2.14,a2
   Hypata

11 Ἀγαθάγγελος
   Annuario, 1944-5, no.179
   Calymna
   s.IIp.

12 [Ἀγα]θ[ά]νορος
   AE 1932 Chronika, p.24,
   l.12
   Larisa
   s.Ia./p.

13 Ἀγαθαρχίς
   FD III 3,42
   Delphi
   med. s.Ia.

14 Ἀγάθη
   IG IX.2.547,8
   Larisa
   c.131/2p.

15 Ἀγάθηα
   IG IX.2.415b,93
   Pherae
   fin. s.Ia.

16 [Ἀ]γαθημερίς
   AE 1916 no.289 p.84
   Oloosson
   med. s.IIp.

17 Ἀγαθίας
   GDI 1882
   Delphi
   171/0a.
   freed under a paramone
   restriction
   τὸ γένος ἐξ Ὀποῦντος

18 [Ἀγα]θόβουλος
   RevPhil 10 no.XLIV p.152
   Larisa
   s.IIa.

19 Ἀγαθοκλέα
   FD III 3,393
   Delphi
   fin. s.Ia.

20 Ἀγαθοκλεία
   REG 83 p.404, no.348
   Dodona
   init. s.IIa.
   ἂν ἐκάλουν Εὐπορίαν

21 Ἀγαθόκλεια
   IG IX.1².671,5
   Physcus
   s.IIa.
   freed under a paramone
   restriction

22 Ἀγαθόκλεια
   FD III 3,210
   Delphi
   160/59a.?

23 Ἀγαθόκλεια
   GDI 1786
   Delphi
   174/3a.
   οἰκογενής

24  Ἀγαθόκλεια
    GDI 1730
    Delphi
    173/2a.

25  Ἀγαθόκλησ
    SB Berlin 1936 p.359, no.1
    Arsinoe
    init. s.IIa.
    τὸ γένος Θραῖσ[σαν]

26  Ἀγαθ(ό)κλησ
    IG IX.1².108,6
    Phistyum
    med. s.IIa.
    οἰκογενής

27  Ἀγαθοκλῆς
    FD III 3,175       freed under
    Delphi             a paramone
    init. s.Ia.        restriction

28  Ἀγαθοκλῆς
    FD III 1,303
    Delphi
    init. s.Ip.
    freed under a paramone
    restriction
    τὸ γένος Φυσικόν

29  Ἀγαθοκλῆς
    FD III,3,393
    Delphi
    med. s.Ia.

30  Ἀγαθοκλῆς
    GDI 1887
    Delphi
    170/69a.

31  Ἀγαθοκλῆς
    GDI 1888
    Delphi
    169/8a.

32  Ἀγαθοκλῆς
    GDI 1885
    Delphi
    165/4a.

33  Ἀγαθοκλῆς
    IG II²1576, 36-39
    Athens
    c.330a.
    [ἐ]γ [Κολλ]υτ οἴκω
    ὑποδη[μα]το(ποι'ς)

34  Ἀγαθοκλῆς
    IG II²1569, 72-74
    Athens
    c.330a.

35  Ἀγαθοκλῆς
    GDI 1117
    Delphi
    180/79 or 179/8a.

36  Ἀγαθόπους
    IG IX.2.746,20
    Larisa
    131/2p.

37  Ἀγαθόπους
    Annuario, 1944-5, no.181
    Calymna
    s.IIp.

38  Ἀγαθόπους
    Annuario, 1944-5, no.190
    Calymna
    s.IIp.

39  [Ἀγαθό]πους
    Annuario, 1944-5, no.196
    Calymna
    s.IIp.

40  Ἀ[γαθόπ]ους
    Annuario, 1944-5, no.153
    Calymna
    s.IIp.

41  Ἀγα[θόπους?]
    Annuario, 1944-5, no.207
    Calymna
    s.IIp.

42  [Ἀγαθό]πους
    Annuario, 1944-5, no.180
    Calymna
    s.IIp.

43  Ἀγαθόπους
    Annuario, 1944-5, no.168
    Calymna
    s.IIp.

44  Ἀγχ[θο]ς
    IG IX.1².624e,11
    Naupactus
    c. med. s.IIa.
    οἰκογενής

45  Ἀγαθοφόρος
    IG IX.2.555,21
    Larisa
    s.Ia./p.

46  Ἀγα[θ]υλλ[ίς]
    IG IX.2.561,10
    Larisa
    s.Ia.?

47 Ἀγαθώ
   IG IX.1².639,6,12
   Naupactus
   med. s.IIa.
   οἰκογενής

48 Ἀγαθώ
   GDI 2203
   Delphi
   143/2a.
   τὸ γένος Σύραν

49 Ἀγαθώ
   FD III 3,2
   Delphi
   161/0a.?
   freed under a paramone
   restriction
   τὸ γένος Καππαδόκισσαν

50 Ἀγάθων
   GDI 2246
   Delphi
   178/7a.
   freed under a paramone
   restriction

51 Ἀγάθων
   Annuario, 1944-5, no.17§
   Calymna
   s.IIp.

52 Ἀγάθων
   IG IX.1².715
   Tolophon
   c. med. s.IIa.

53 Ἀ[γ]άθων
   Gonnoi, p.151, no.127
   Gonnus
   45/6p.

54 Ἀγάθων
   IG IX.2.16,2
   Hypata
   c.130p.

55 Ἀγάθων
   IG IX.2.16,2
   Hypata
   c.130p.

56 Ἀγάθων
   IG IX.2.71
   Lamia
   s.Ia./p.

57 Ἀγάθων
   Deltion 11 p.63, l.10
   Larisa

58 Ἀγάθων
   BCH 79 p.444, l.4
   Scotussa
   init. s.IIa.
   and see SEG 15 370

59 [Ἀ]γάθων
   IG IV.529
   Argos
   s.IIIa.

60 Ἀγάθων
   Deltion 2 p.222,l.19
   Coronea

61 Ἀγάθων
   BCH 35 p.234 l.12
   Atrax
   s.Ia./p.

62 Ἀγάθων
   BCH 79 p.447, l.23
   Scotussa
   c.136a.
   and see SEG 15 370

63 Ἀγάθων
   IG IX.2.463,20
   Crannon
   med. s.Ia.

64 Ἀγάθων
   IG IX.2.415a,30
   Pherae
   med. s.Ia.

65 Ἀγάθων
   GDI 1992
   Delphi
   182/1a.
   τὸ γένος Μαιώτα

66 Ἀγάθων
   GDI 1886
   Delphi
   164/3a.
   τὸ γένος Γαλαταν

67 Ἀγάθων
   FD III 3,422
   Delphi
   med. s.Ia.

68 Ἀγαμήστωρ
   GDI 1715
   Delphi
   161/0a.?
   freed under a paramone
   restriction
   οἰκογενής

6٠ ᾿Αγάπιον
    IG II² 1368, 14-15
    Athens
    c.339a.

70 ᾿Αγειτίν
    IG VII 3348
    Chaeronea
    s.IIa.

71 ᾿Α[γ]είσιππος
    IG VII 1780,5
    Thespiae
    s.IIIa.
    freed under a paramone
    restriction

72 ᾿Αγέλη
    FD III 6,9
    Delphi
    init. s.Ip.
    freed under a paramone
    restriction

73 ᾿Αγέλη
    IG IX.2.540,21
    Larisa
    131/2p.

74 ᾿Αγησώ
    GDI 1761
    Delphi
    170/09a.

75 [᾿ΑΥ?]ησώ
    BCH 73 p.232, no.31
    Delphi
    fin. s.IIa.
    οἰκογενής

76 ᾿Αγία
    IG VII 1780,5
    Thespiae
    s.IIIa.
    freed under a paramone
    restriction

77 [᾿Αγ]λώκαρπος
    IG XII.3.336,23
    Thera
    s.IIIa.

78 ᾿Αγώνατος
    IG IX.1.349
    Physcus
    c. 170a.
    but see IG IX.1².672
    and SEG 15 356

79 ῎Αδ[εῖ]α
    AE 1924 no.401 p.153
    Pythium
    s.Ia.

80 ῎Α[δε]ια
    AE 1924 no.403 p.156
    Pythium
    s.Ia.

81 ῎Αδει[α]
    IG IX.2.1232,3
    Phalanna
    s.I/IIp.

82 ᾿Αδία
    BCh 3. p.233 1.9
    Atrax
    a.Ia./p.

83 [᾿Α]ήτη
    AE 1913 p.170
    Oloosson
    s.Ia./p.
    cf. IG IX.2.1295,
    JHS 1913 p.323 and
    AE 1916 p.29 no.276

84 ᾿Αθάναιος
    IG IX.2.553,17
    Larisa
    s.Ia.

85 ᾿Αθάνων
    IG VII 3080
    Lebadea

86 ᾿Αθηναγό[ρας]
    IG IX.2.277,8
    Metropolis
    s.Ia./p.

87 ᾿Αθηναΐς
    GDI 2154
    Delphi
    s.140a.
    τὸ γένος Γαλάτισσα
    τεχνῖτις

88 ᾿Αθηναΐς
    FD III 3,206
    Delphi
    151/0a.?

89 ᾿Αθηναΐς
    GDI 1925
    Delphi
    154/3a.
    freed under a paramone
    restriction
    τὸ γένος Μακέτι

90 ᾿Αθηνυΐς
    IG VII 3393
    Chaeronea
    s.IIa.
    freed under a paramone
    restriction

91 Ἀθηναΐς
  FD III 6,121
  Delphi
  med. s.Ip.

92 Ἀθηναΐς
  IG IX.2.288,8
  Gomphi
  s.I/IIp.

93 [Ἀ]θηναΐς
  AE 1930 no.1 p.176
  Larisa
  s.Ia./p.

94 Ἀθηναίων
  FD III 3,377
  Delphi
  fin. s.Ia.
  freed under a paramone restriction

95 Ἀθήνεσσ[α]
  AE 1917 no.320 p.36
  Cyretiae
  s.Ip.

96 Ἀθηνί[ω]ν
  IG XII.3.337,8
  Thera
  s.IIa.

97 Ἀθηνώ
  AE 1917 no.316 p.31
  Cyretiae
  s.Ip.

98 Ἄ[θ]ιυκτος
  FD III 6,127
  Delphi
  med. s.Ip.
  freed under a paramone restriction

99 Αἰν[υ]ητίχ
  IG II²1367, 3-4
  Athens
  c.330a.

100 [Ἀι]θῶ
  AE 1917 no.329 p.35
  Cyretiae
  s.Ip.

101 Α[ἰνή]σα
  IG IX.1².82
  Thermus

102 Αἴνησα
  GDI 1784
  Delphi
  166/5a.
  freed under a paramone restriction

103 Αἰν[ησ]αγόρας
  Polemon B'Parart p.15 no.18
  Thaumakoi
  s.Ia.

104 Αἰολίς
  GDI 1755
  Delphi
  172/1a.
  freed under a paramone restriction

105 Αἵρεσις
  GDI 2266
  Delphi
  102/1a.
  ἐνδογενής

106 Αἵρεσις
  IG XII.3.1302,59
  Thera
  s.IIa.

107 Αἱ[ρῶ?]
  IG XII.3.337
  Thera
  s.IIIa.

108 Αἰσχύλος
  AE 1917 no.305, p.12
  Cyretiae
  s.Ia.

109 Ἀ[ι]σχύλος
  AE 1917 no.313 p.25
  Cyretiae
  s.Ia.

110 Αἰτωλός
  IG XII.3.1302,63
  Thera
  s.IIa.

111 Ἄκρατος
  FD III 1,336
  Delphi
  fin. s.IIa.
  οἰκογενής

112 Ἀκρίσιος
  IG VII 3200
  Orchomenos
  init. s.IIa.

113 Ἀλεξάνδρα
  IG IX.2.1232,22
  Phalanna
  s.I/IIp.

114 Ἀλεξάνδρα
　　GDI 2323
　　Delphi
　　11/10a.
　　οἰκογενής

115 Ἀλεξάνδρα
　　JHS 1913 no.11b p.319
　　Oloosson
　　s.IIp.
　　cf. AE 1916 no.231 p.75

116 Ἀλεξάνδρα
　　IG VII 3328
　　Chaeronea
　　s.IIa.
　　freed under a paramone
　　restriction

117 Ἀλέξανδρος
　　FD III 6,108
　　Delphi
　　med. s.Ip.?
　　freed under a paramone
　　restriction

118 Ἀλέξανδρος
　　IG IX.2.1121,4
　　Demetrias
　　s.I/IIp.

119 Ἀλέξανδρος
　　Deltion 2 269
　　Coronea
　　s.Ia.?

120 Ἀλέξανδρος
　　BCH 94 p.1054
　　Leukopetra
　　c.180p.
　　see SEG 24 498
　　τὸ καὶ ἠγόρασα

121 Ἀλέξανδρος
　　IG IX.1².640e
　　Naupactus
　　c.148/7a.
　　οἰκογενής

122 [ Ἀλέξ ]ανδρος
　　Annuario, 1944-5, no.209a
　　Calymna
　　s.IIp.

123 Ἀλέξανδρος
　　IG IX.2.22
　　Hypata
　　s.IIp.

124 Ἀλέξανδρος
　　GDI 1766
　　Delphi
　　174/3a.

125 Ἀλέξανδρος
　　GDI 1720
　　Delphi
　　161/0a.
　　τὸ γένος Μακεδόνα

126 (Ἀ)λεξ[ά]νδρος
　　IG IX.2.589.30
　　Larisa

127 Ἀλεξᾶς
　　JHS 1913 no.12c p.323
　　Oloosson
　　s.Ia./p.
　　cf. AE 1916 no.273
　　p.29

128 [ Ἀ]λεξ[ή]ν[ωρ?]
　　AE 1913 p.166
　　Pythium
　　s.Ia./p.
　　cf. IG IX.2.1284

129 Ἀλέξιππος
　　GDI 2170
　　Delphi
　　84/3-60/59a.

130 Ἁλίεια
　　Annuario, 1944-5, no.201
　　Calymna
　　s.IIp.

131 Ἁλιόδωρος
　　IG IX.2.553,22
　　Larisa
　　s.Ia.

132 Ἀλκίππη
　　FD III 6,123
　　Delphi
　　med. s.Ip.
　　freed under a paramone
　　restriction

133 Ἀλκυονίς
　　FD III 6,83
　　Delphi
　　fin. s.IIa.
　　οἰκογενής

134 Ἀλκυονίς
　　GDI 2305
　　Delphi
　　139/8-122/1a.
　　οἰκογενής

135 Ἀλκυονίς
　　GDI 2253
　　Delphi
　　140/39a.
　　οἰκογενής

136 Ἄλυπος
    IG XII.3.336,21
    Thera
    s.IIIa.

137 Ἀ[λ]φε[ί]α
    AE 1924 no.418a p.138
    Pythium
    s.Ia.

138 [Ἀλφ?]ιένα
    RE 1914 no.272 p.32
    Oloosson
    s.Ip.

139 Ἀμβροσία
    GDI 1905
    Delphi
    156/5a.
    τὸ γένος Σύρα

140 Ἀμβροσία
    GDI 2023
    Delphi
    151/0a.

141 Ἀμβρόσσιον
    FD III 3,362
    Delphi
    fin. s.Ia.
    οἰκογενής

142 Ἄμενπτος
    IG IX.2.554,15
    Larisa
    s.Ia./p.

143 Ἀμέριμνος
    IG IX.2.548,8
    Larisa
    c.131/2p.

144 Ἀμίας
    Ditt.-Purg. p.31, no.12
    Olympia
    s.Va.?
    ci. GDI 1161

145 Ἀμ[μί]α
    Gonnoi p.160, no.134
    Gonnus
    fin. s.Ip.?

146 Ἀμμία
    IG IX.2.568,27
    Larisa
    s.II/Ia.

147 Ἀμμ(ί)α
    IG IX.2.415a,49
    Pherae
    med. s.Ia.

148 Ἀμμία
    GDI 1854
    Delphi
    167/6a.
    freed under a paramone
    restriction
    τὸ γένος Ἰλλύραν

149 Ἀμμία
    GDI 1830
    Delphi
    169/8a.
    freed under a paramone
    restriction

150 Ἀμμία
    AE 1930 no.1 p.176
    Larisa
    s.Ia./p.

151 Ἄμμιλα
    GDI 1928
    Delphi
    153/2-144/3a.

152 Ἀμύντα
    IG IX.2.287a,8
    Gomphi
    s.Ia./p.

153 Ἀμύντας
    FD III 2,247
    Delphi
    fin. s.IIa.
    freed under a paramone
    restriction

154 Ἀμύντας
    JHS 1913 p.327 no.13b.
    Azoros
    s.Ia./p.
    see AE 1923 no.362 p.128
    and IG IX.2.1296

155 Ἀμφί[ω]ν
    AE 1917 no.303 p.3
    Cyretiae
    s.Ip.

156 Ἄνα
    GDI 2014
    Delphi
    188/7a.
    freed under a paramone
    restriction
    τὸ γένος Ἰλλυράν

157 Ἀναία
    AE 1905 no.9 p.194
    Thessaly

158 Ἀνασω
   AJP 92 p.673
   Echinos
   c.131/2p.

159 Ἀνατολή
   AE 1917 no.303 p.3
   Cyretiae
   s.Ip.

160 Ἀνδία?
   IG IX.2.562,3
   Larisa
   s.I/IIp.?

161 [ Ἀνδ]ράγαθος
   IG IX.2.561,5
   Larisa
   s.Ia.?

162 Ἀνδριᾶς
   GDI 1975            freed under
   Delphi              a paramone
   196/5a.             restriction

163 Ἀνδρικός
   IG IV.530
   Argive Heraeum
   s.III/IIa.?

164 Ἀνδρικός
   IG VII 3083         freed under
   Lebadea             a paramone
                       restriction

165 Ἀνδρίων
   IG IX.2.25c
   Hypata
   s.Ia./p.

166 [Ἀν]δ[ρό]κλ[ε]ια
   AE 1924 no.404 p.168
   Pythium
   s.Ia.

167 [ Ἀνδρόμ]αχος
   IG IX.2.568,15
   Larisa
   s.II/Ia.

168 Ἀνδρόμαχος
   IG IX.2.1042,48
   Gonnus
   aetate Flaviorum
   see also Gonnoi, p.164,
   no.139

169 Ἀνδρομένης
   GDI 1350
   Dodona

170 Ἀνδρομένης
   GDI 1879
   Delphi
   151/0a.

171 Ἀνδρόνικος
   BCH 79 p.447, l.26
   Scotussa
   c.136a.
   and see SEG 15 370

172 Ἄνδρων
   IG VII 3344
   Chaeronea
   s.IIa.

173 Ἄνδρων
   IG IX.2.1115,5
   Demetrias
   s.Ip.

174 Ἄνδρων
   FD III 2,169
   Delphi              freed under
   fin. s.IIa.         a paramone
   οἰκογενής           restriction

175 Ἀνθέ[μιον]
   IG IX.2.21,16
   Hypata
   init. s.IIp.

176 Ἀνθέμιο[ς]
   Annuario, 1944-5, no.152
   Calymna
   s.IIp.

177 Ἀνθέστι[ος]
   IG IX.2.256b
   Pharsalus
   s.Ip.

178 Ἀνθίππα
   JOAI Beibl. 14, p.146,
   l.23
   Argive Heraeum
   fin. s.IIa.

179 Ἀνθίς
   IG IV 529
   Argos
   s.IIIa.

180 Ἄνθουσα
   GDI 2338
   Delphi
   30-29a.?
   see BCH 68-9 p.119, no.31
   for date

181 Ἀνθράκιον
    GDI 1828
    Delphi
    165/4a.   ?

182 Ἀνθρῖκιον
    GDI 1989
    Delphi
    192/1a.
    τὸ γέν[ος ϰ]οίνισσαν

183 Ἀνθράκιον
    GDI 1975
    Delphi
    196/5a.
    freed under a paramone
    restriction

184 Ἀνθρῖκιον
    GDI 1687
    Delphi
    161/0a.

185 Ἀυναῖο[s]
    IG IX.2.275,6
    Metropolis
    s.Ia./p.

186 Ἄνταλλος
    GDI 1931
    Delphi
    169/8a.

187 [Ἀ]ντέρως
    AE 1917 no.305 p.12
    Cyretiae
    s.Ia.

188 [Ἀν]τ[έ]ρως
    AE 1916 no.287 p.82
    Elasson
    s.IIp.

189 Ἀντιγένης
    IG IX.2.30
    Hypata
    s.Ia./p.

190 Ἀντιγένης
    AE 1923 no.382 p.151
    Azoros
    s.Ia./p.
    cf. BCH 35 p.240 no.10

191 Ἀντιγόνα
    FD III 3,401 and 402
    Delphi
    fin. s.Ia.
    freed under a paramone
    restriction
    apolysis from paramone

192 Ἀντιγό[ν]α
    FD III 3,311
    Delphi
    fin. s.Ia.
    freed under a paramone
    restriction

193 Ἀντιγόνα
    FD III 3,324
    Delphi
    fin s.Ia.

194 Ἀντιγόνα
    GDI 1956
    Delphi
    153/2-144/3a.

195 Ἀντιγόνα
    GDI 1929
    Delphi
    178/7a.

196 Ἀντιγόνα
    FD III,2,237
    Delphi
    138/7a.
    τὸ γένος Θραῖσα

197 Ἀντιγόνα
    GDI 1788          freed under
    Delphi            a paramone
    168/7a.           restriction

198 Ἀντιγόνα
    FD III 2,216
    Delphi
    fin. s.IIa.
    freed under a paramone
    restriction

199 Ἀντιγόνα
    GDI 1722
    Delphi
    158/7a.
    τὸ γένος Ἰουδαίαν

200 Ἀντιγόνι
    GDI 2052
    Delphi
    161/0a.
    τὸ γένος Θραῖσσιν

201 Ἀντιγόνα
    IG IX.2.474,17
    Atrax
    med. s.Ia.

202 Ἀντίγονος
    IG IX.2.276a,8
    Metropolis
    s.I/IIp.

203 Ἀντίγο[ν]ος
   IG IX.1².137e
   Calydon
   med. s.IIa.
   οἰκογενής

204 Ἀντίγονος
   IG V.2.345
   Orchomenos
   s.II/Ia.

205 Ἀντίγονος
   IG IX.2.16
   Hypata
   c.130p.

206 [ Ἀ]ντικράτης
   IG IX.2.1115,4
   Demetrias
   s.Ip.

207 Ἀντιλέων
   IG IX.2.288,13
   Gomphi
   s.I/IIp.

208 Ἀντίμαχος
   GDI 2277
   Delphi
   153/2-144/3a.

209 Ἀ[ντι]όπη
   IG IX.2.568,28
   Larisa
   s.II/Ia.

210 Ἀντιοχίς
   IG IX.2.19
   Hypata
   s.Ip.

211 Ἀντιοχίς
   IG XII.3.1302,48
   Thera
   s.IIa.

212 Ἀντιοχίς
   IG XII.3.1302,30
   Thera
   s.IIa.

213 Ἀντιοχίς
   GDI 1780
   Delphi
   168/7a.

214 Ἀντίοχος
   IG IX.2.287a,8
   Gomphi
   s.Ia./p.

215 Ἀντίοχος
   FD III 1,320
   Delphi
   init. s.Ia.
   οἰκογενής

216 Ἀντίοχος
   Annuario, 1944-5, no.16bb
   Calymna
   s.IIp.

217 Ἀντίοχος
   GDI 2172
   Delphi
   139/8a.

218 Ἀντίοχος
   IG IX.1².681
   Physcus
   med. s.IIa.
   freed under a paramone
   restriction

219 Ἀντίοχος
   ASAL, 60,II,no.20, p.93
   Epidaurus
   fin. s.IIIa.

220 Ἀντίοχος
   AE 1932 Chronika, p.24, l.1
   Larisa
   s.Ia./p.

221 Ἀντίοχος
   FD III 3,394
   Delphi
   med. s.Ia.

222 Ἀντί[ο]χος
   BCH 59 p.51 l.19
   Crannon
   post. s.Ia.

223 Ἀντιπάτρα
   IG IV 530
   Argive Heraeum
   s.III/IIa.?

224 Ἀντιπάτρα
   BCH 79 p.444, l.4
   Scotussa
   init. s.IIa.
   and see SEG 15 370

225 [ Ἀν]τίπατρος
   BCH 79 p.447, l.26
   Scotussa
   c.136a.
   and see SEG 15 370

225 Ἀντίπατρος
  ΑΕ 1930 no.1 p.176
  Larisa
  s.Ia./p.

227 Ἀντίπατρος
  IG IX.2.21
  Eypata
  c.130p.

228 Ἀντίπατρος
  Athena 12 p.71 no.2
  Edessa
  233p.

229 Ἀντιφάνης
  IG IX.2.109b,9
  Halos
  med. s.Ia.

230 Ἀντίων
  FD III 6,51
  Delphi
  med. s.Ia.
  freed under a paramone
  restriction

231 Ἀνψίμντος
  IG V.2.342a
  Mantinea
  s.I/IIp.

232 Ἀνχίαλος
  BCH 35 p.232 l.5
  Atrax
  s.Ia./p.

233 Ἄξιος
  ASAL, 60,II,no.19, p.91
  Epidaurus
  fin. s.IIIa.
  cf. IG IV² 372

234 Ἀξίωμα
  GDI 2166
  Delphi
  140/39a.
  οἰκογενής

235 Ἀπάτη
  JHS 1913 no.12c p.323
  Olousson
  s.Ia./p.
  cf. AE 1913 no.278 p.29

236 Ἀπελλᾶς
  IG IX.2.287c,13
  Gomphi
  s.Ia./p.

237 Ἀπέλλης
  GDI 2288
  Delphi
  153/2-144/3a.
  freed under a paramone
  restriction

238 Ἀπιδιᾶ[s?]
  IG XII.3.337,7
  Thera
  s.IIa.

239 Ἀπίων
  IG IX.2.555,7
  Larisa
  s.Ia./p.

240 Ἀπολλοδ[οῦ]ρα
  IG IX.2.414b,4
  Pherae
  s.I/IIp.

241 Ἀπολλοδώρα
  IG VII 1778
  Thespiae
  freed under a paramone
  restriction

242 Ἀπολλόδωρος
  GDI 1879
  Delphi
  161/0a.

243 Ἀπολλόδωρος
  GDI 1895
  Delphi
  156/5a.
  ἐνδογενής

244 Ἀπολλόδωρ[ος]
  IG II²1575, 13-17
  Athens
  c.330a.

245 Ἀπολλόδωρος
  GDI 2154
  Delphi
  142/1-141/0a.

246 Ἀπολλούνιος
  IG IX.2.414b,2
  Pherae
  s.I/IIp.

247 Ἀπολλωνία
  IG IX.2.555,10
  Larisa
  s.Ia./p.

248 Ἀπολλωνία
GDI 2310
Delphi
128/7a.

249 Ἀπολλωνία
FD III 6,82
Delphi
128/7a.

250 Ἀπολλωνία
AE 1913 p.171
Oloosson
s.Ip.
cf. JHS 1913 p.321 and
IG IX.2.1295

251 Ἀπολλωνία
AE 1916 no.278 p.29, ll.8-
Oloosson
s.Ia./p.
cf. JHS 1913 no.12c p.323

252 Ἀπολλωνία
Annuario, 1944-5, no.178
Calymna
s.IIp.

253 [Ἀπολ]λωνία
IG XII.3.1302,1
Thera
s.IIa.

254 Ἀπολλωνία
GDI 2185
Delphi
fin. s.Ia.

255 Ἀπολλωνία
GDI 2221
Delphi
153/2-144/3a.
οἰκογενής

256 Ἀπολλωνία
GDI 2199
Delphi
84/3-60/59a.
freed under a paramone
restriction
apolysis from paramone

257 Ἀπολλωνία
FD III 2,126
Delphi
fin. s.IIa.
ἐνδογενής

258 Ἀπολλωνίδης
IG IX.2.463,15
Crannon
med. s.Ia.

259 Ἀπολλώνιος
IG IX.2.474,37
Atrax
med. s.Ia.

260 Ἀ[πο]λλ[ώ]νιος
IG IX.2.555,16
Larisa
s.Ia./p.

261 Ἀπολλώνιος
IG IX.2.554,3
Larisa
s.Ia./p.

262 Ἀπολλών[ιος]
IG IX.2.554,6
Larisa
s.Ia./p.

263 Ἀπολλώνιος
FD III 3,40
Delphi
med. s.Ia.
οἰκογενής

264 Ἀπολλώνιος        freed under
GDI 2065             a paramone
Delphi               restriction
180/70 or 179/8a.
τὸ γένος Μυσός

265 Ἀπολλώνιος
GDI 2202
Delphi
142/2a.
οἰκογενής

266 Ἀπολ[λώνι]ος
AE 1917 no.305 p.12
Cvretiae
s.Ia.

267 Ἀπολλώνιος
IG XII.3.336,19
Thera
s.IIIa.

268 Ἀπολλώνιος
IG XII.3.1302,15
Thera
s.IIa.

269 Ἀπολλώνιος
IG IV² 362
Epidaurus
s.IIIa.

270 Ἀπολλώνιος
IG VII 3198
Orchomenos
s.IIa.

271 'Απολλώνιος
   IG IX.2.74
   Lamia
   c.140a.

272 'Απολλώνιος
   IG VII 3379
   Chaeronea
   s.IIa.

273 'Απολλώνιος
   GDI 1945
   Delphi
   153/2-144/3a.
   freed under a paramone
   restriction
   οἰκογενής

274 'Απολλώνιος
   GDI 2290
   Delphi
   44/3-60/59a.
   οἰκογενής

275 'Απολλώνιος
   ASAL, 60,11,no.32, p.93
   Epidaurus
   fin. s.IIIa.

276 'Απολλώνιος
   SEG 12 235
   Delphi
   fin. s.IIa.
   οἰκογενής

277 'Απολλώνιος
   BCH 73 p.277, no.28
   Delphi
   med. s.IIa.
   τεχνίταν γραφῆ

278 'Απολλώνιος
   BCH 95 p.278 l.42
   Larisa
   140-130a.

279 'Απολλώνιος
   IG IX.2.1040,11
   Gonnus
   c.25a. and cf. Gonnoi
   p.136, no.115

280 'Απολλώνιος
   IG IX.2.568,13
   Larisa
   s.II/Ia.

281 ['Απο]λλώνιος
   IG IX.2.1232,28
   Phalanna
   s.I/IIp.

282 'Αρέθουσσα
   BCH 7º p.447, l.52
   Scotussa
   c.134a.
   and see SEG 15 370

283 'Αρείων
   AE 1917 no.334 p.120
   Cyretiae

284 'Αρέσκουσα
   IG IX.2.19
   Hypata
   s.Ip.

285 ['Αρέ]σκουσα
   IG IX.2.15
   Hypata
   c.40p.

286 'Αρέσκων
   IG IX.2.1344,11
   Larisa
   s.Ia./p.

287 ['Αρ]εστος
   AE 1913 p.173
   Azoros
   14/13a.
   cf. IG IX.2.1236

288 'Αριάγνη
   Hell. I p.70
   Skydra
   s.IIIp.

289 'Αριάνθη
   IG II²1559, 90-92
   Athens
   c.339a.
   cf. Hesperia 28 p.235,
   l.266

290 'Αρ[ι]οστέας
   Ditt.-Purg. p.31, no.12
   Olympia
   s.Va.?

291 'Αρίστα
   BCH 83 p.479, no.12
   Delphi
   init. s.Ia.
   οἰκογενής

292 'Αριοι[τά]θλα
   GDI 2236
   Delphi
   140/39a.
   οἰκογενής

293 ʾΑριστάρχ[α]
　　IG IX.1.63
　　Daulis

294 ʾΑριστέας
　　IG IX.1².639,8
　　Naupactus
　　143/2a.
　　οἰκογενής

295 ʾΑρίστεια
　　GDI 1969　　　　freed under
　　Delphi　　　　 a paramone
　　193/2a.　　　　 restriction

296 ʾΑριστε[ίδ]α[s].
　　IG IX.1².680
　　Physcus
　　med. s.IIa.

297 ʾΑρίστη
　　Hesperia 28 p.224 l.233
　　Athens
　　fin. s.IVa.
　　see IG II² 1553.30

298 ʾΑρίστιον
　　GDI 1913
　　Delphi
　　154/3a.
　　οἰκογενής

299 ʾΑρίστιον
　　FD III 3,7
　　Delphi
　　162/1a.?

300 [ʾΑρι]στιππίδης
　　IG II²1569, 53-56
　　Athens
　　c.330a.
　　ʾΑ. ἐμ Μ(ελίτει) οἰκ

301 ʾΑριστίων
　　FD III 3,326 and 327
　　Delphi
　　s.Ia./p.
　　freed under a paramone
　　restriction
　　apolysis from paramone

302 ʾΑριστοβούλα
　　FD III 6,133
　　Delphi
　　med. s.Ip.

303 ʾΑριστοβούλα
　　GDI 1693
　　Delphi
　　139/8-122/1a.
　　οἰκογενής

304 ʾΑριστόβουλος
　　GDI 1693
　　Delphi
　　139/8-122/1a.
　　οἰκογενής

305 ʾΑριστόβουλος
　　SEG 22 485
　　Delphi
　　s.IIa.
　　ἐνδογενής

306 ʾΑριστοδάμα
　　IG IX.2.25a
　　Hypata
　　s.Ia./p.

307 ʾΑ[ρ]ιστο[κ]ις
　　IG VII 3084
　　Lebadea

308 ʾΑριστόκλησ
　　GDI 2213
　　Delphi
　　142/1 or 141/0a.
　　ἐνδογενής

309 ʾΑριστοκλῆς
　　IG IX.2.71,5
　　Lamia
　　s.Ia./p.

310 [ʾΑρ]ιστοκράτα
　　IG IX.2.27ba,2
　　Metropolis
　　s.I/IIp.

311 [ʾΑρισ]τοκράτεια
　　IG IV.529
　　Argos
　　s.IIIa.

312 ʾΑριστοκράτεια
　　FD III 3,23
　　Delphi
　　160/59a.?

313 ʾΑριστοκράτεια
　　GDI 1933
　　Delphi
　　180/79 or 179/8a.

314 ʾΑριστοκράτης　　freed under
　　FD III 3,405　　 a paramone
　　Delphi　　　　　 restriction
　　fin. s.Ia.

315 ʾΑριστοκράτης
　　FD III 3,4
　　Delphi
　　163/2a.?

316 Ἀριστοκράτης
IG IX.1².632
Naupactus
c. 153/2a.
οἰκογενής

317 Ἀριστοκράτης
AE 1917 no.310 p.20
Cyretiae
s.Ip.

318 Ἀριστόλα
GDI 1792
Delphi
170/69a.

319 Ἀριστόλαος
IG IX.1².708
Phaestinus    freed under
c. 168a.      a paramone
              restriction

320 Ἀριστόμαχος
IG II² 1569,69-71
Athens
fin. s.IVa.

321 Ἀριστομένης
IG IX.1².684
Physcus       freed under
s.IIa.?       a paramone
οἰκογενής     restriction

322 Ἀριστομένης
IG II²1554, 36-39
Athens
c.330a.
ἐμ Μελ οἰκ, σκυτότο

323 Ἀριστομήδη
IG XII.3.1302,20
Thera
s.IIa.

324 Ἀριστονίκα
GDI 1872       freed under
Delphi         a paramone
177/6a.        restriction
τὸ γένος Μακέταν

325 Ἀριστονίκα
GDI 1927
Delphi
153/2-144/3a.
ἐνδογενής

326 Ἀριστονίκα
GDI 1954
Delphi
med. s.IIa.

327 Ἀριστονίκα
GDI 1700
Delphi
153/2-144/3a.

328 Ἀριστονίκη
IG II²1558, 75-76
Athens
c.330a.
ἐγ Κε οἰ

329 Ἀριστόνικος
FD III 1,569
Delphi
fin. s.IIa.
οἰκογενής(?)

330 Ἀριστονόη
IG II²1575, 8-12
Athens
e.330a.

331 Ἀριστώ
GDI 2292
Delphi
139/8-122/1a.
ἐνδογενής

332 Ἀριστώ
FD III 2,163
Delphi
fin. s.IIa.

333 Ἀριστώ
GDI 2051
Delphi
178/7a.

334 Ἀριστώ
GDI 2069      freed under
Delphi        a paramone
194/3a.       restriction

335 Ἀριστώ
GDI 1754
Delphi
161/0a.  ?
freed under a paramone
restriction
τὸ γένος Βαστάρναν

336 Ἀριστώ
GDI 1776
Delphi
166/5a.

337 Ἀριστώ
IG IX.2.109a,57
Halos
med. s.Ia.

338 Ἀριστώ
    IG IX.2.19
    Hypata
    s.Ip.

339 Ἀριστώ
    GDI 2077
    Delphi
    177/6a.
    οἰκογενής

340 Ἀριστώ
    IG IV 530
    Argive Heraeum
    s.III/IIa.?

341 Ἀρίστων
    GDI 2087
    Delphi
    153/2-144/3a.
    ἐνδογενής

342 Ἀρίστων
    GDI 2207
    Delphi
    c.130a.

343 Ἀρίστων
    GDI 1784          freed under
    Delphi            a paramone
    166/5a.           restriction

344 Ἀρίστων
    GDI 2000
    Delphi
    197/6a.
    τὸ γένος Σαυνίταν

345 Ἀρίστων
    FD III 3,322
    Delphi
    fin. s.Ia.
    οἰκογενής

346 Ἀρίστων
    GDI 1954
    Delphi
    med. s.IIa.

347 Ἀρίων
    IG IX.1$^2$.627b
    Naupactus
    c. 135/4a.
    οἰκογενής

348 Ἀ(ρ)καδίων
    IG IX.2.1299,10
    Oloosson
    s.Ia./p.

349 [ Ἀρ]κεσίλ[αος ]
    IG IX.2.256b
    Pharsalus
    s.Ip.

350 Ἄρκισα
    GDI 1818
    Delphi
    165/4a.   ?

351 Ἀρκίσα
    FD III 6,37
    Delphi
    init. s.Ip.
    οἶκο[τρ]οφ[ῆ]ς

352 Ἀρκίσων
    GDI 2122
    Delphi
    195/4a.
    οἰκογενής

353 Ἀρμενία
    FD III 2,224
    Delphi
    142 or 141/1a.
    ἐνδογενής

354 Ἀρμενία
    SEG 22 485
    Delphi
    s.IIa.

355 Ἀρμένιος
    IG XII.3.1302,3
    Thera
    s.IIa.

356 Ἀρμένιος
    GDI 1923
    Delphi
    156/5a.

357 Ἀρμένιος
    IG II$^2$1567, 5-6
    Athens
    c.330a.

358 [ Ἄ]ρμενος
    Polemon B'Parart p.15
    no.18
    Thaumakoi
    s.Ia.

359 Ἁρμοδίκα
    GDI 2211
    Delphi
    101/0-60/59a.

360 ‘Αρμοδίκα
    GDI 1685
    Delphi
    153/2-144/3a.
    τὸ γένος ἐξ Ἐλατείας

361 ‘Αρμόδιο[s]
    IG IX.2.287b,12
    Gomphi
    s.Ia./p.

362 ‘Αρμονία
    IG XII.3.1302,50
    Thera
    s.IIa.

363 ‘Αρμονία
    GDI 1993
    Delphi
    196/5a.
    τὸ γένος Λακεδαιμονίαν

364 ‘Αρμονίχα
    IG IX.2.288,10
    Gomphi
    s.I/IIp.

365 ‘Αρμόξενος
    IG IX.2.224,7
    Anceae
    s.Ia./p.

366 ‘Αρμώ
    GDI 2002
    Delphi
    197/6a.
    τὸ γένος Σύραν

367 ‘Αρνίον
    SEG 12 314     freed under
    Beroea         a paramone
    235a.          restriction

368 ‘Αρρησία
    BCH 60 p.132,IV,2
    Delphi
    fin. s.IIa.

369 ‘Αρσινόα
    GDI 2270
    Delphi
    153/2-144/3a.
    ἐνδογενής

370 ‘Αρσινόα
    GDI 2089
    Delphi
    153/2-144/3a.
    οἰκογενής

371 ‘Αρσινόα
    GDI 1768
    Delphi
    165/4a. ?

372 [‘A]ρσινόη
    IG IX.2.544,20
    Larisa
    41/2p.

373 ‘Αρτεμιδώρα
    GDI 2001
    Delphi
    197/6a.

374 ‘Αρτεμιδώρα
    BCH 68-9 p.112, no.23
    Delphi
    med. s.IIa.

375 ‘Αρτεμίδωρος
    GDI 1758
    Delphi
    173/2a.

376 ‘Αρτέμιν?
    Annuario, 1944-5, no.194
    Calymna
    s.IIp.
    cf. GDI 3599

377 ″Αρτεμις
    IG XI.2.106
    Delos
    282a.

378 ″Αρτεμις
    IG II² 1570,39-41
    Athens
    fin. s.IVa.
    ταλασιουργὸς ἐγ Κειρ

379 ‘Αρτεμισία
    AE 1924 no.403 p.160
    Pythium

380 ‘A[ρ]τε[μι]σί[α]
    AE 1917 no.305 p.12
    Cyretiae
    s.Ia.

381 ‘Αρτεμισία
    GDI 1739
    Delphi
    170/69a.
    τὸ γένος ‘Ασιαγενῆ

382 ‘Αρτεμώ
    IG XII.3.1302,51
    Thera
    s.IIa.

383 'Αρτεμώ
   IG IX.2.561,4
   Larisa
   s.Ia.?

384 'Αρτεμώ
   IG IX.2.563,11
   Larisa
   s.I/IIp.

385 'Αρτεμώς ('Αρτεμων?)
   AE 1917 no.305 p.12
   Cyretiae
   s.Ia.

386 'Αρτέμων
   IG VII 3317
   Chaeronea
   s.IIa.

387 'Αρτέμων
   GDI 1881
   Delphi
   162/1a.?

388 ['Α]ρτῖνον
   IG II²1558, 47
   Athens
   c.330a.
   ὄρεω ἐμ Π οἰκ

389 'Αρχεπολίς
   GDI 1920
   Delphi
   150/79 or 179/8a.
   freed under a paramone
   restriction

390 'Αρχέπολις
   IG IX.2.15
   Hypata
   c.40p.

391 'Αρχέπολις
   GDI 1921
   Delphi
   173/2a.

392 'Αρχεστράτη
   IG IX.2.25a
   Hypata
   s.I/IIp.

393 'Αρχίβουλος
   RevPhil 35 (1911) no.40
   p.283
   Thaumakoi
   s.Ia.

394 'Αρχίλγος
   IG IX.2.102b,10
   town near Kophi
   s.IIp.?

395 ['Α]ρχις
   FD III 1,294    freed under
   Delphi          a paramone
   init. s.Ia.     restriction
   cf. BCH 68-9 p.117, no.29
   οἰκογενής

396 'Αρχώ
   GDI 2122
   Delphi
   195/4a.
   οἰκογενής

397 'Αρχώ                freed under
   IG IX.1².672,18     a paramone
   Physcus             restriction
   med. s.IIa.

398 'Αρχώ
   GDI 2311
   Delphi
   124-116a.
   οἰκογενής

399 'Αρχώ
   GDI 2323
   Delphi
   11/10a.
   οἰκογενής

400 'Αρχώ
   FD III 4,76
   Delphi
   124-116a.
   οἰκογενής

401 "Αρχων
   IG VII 3340
   Chaeronea
   s.IIa.

402 "Αρχων
   FD III 3,301
   Delphi
   init. s.Ip.
   οἰκογενής

403 "Ασα[νδρος]
   Klio 52 p.18, l.13
   Larissa
   140-130a.
   but see BCH 95 p.278,
   l.31

404 Ἀσία
IG II²1578,10
Athens
c.330a.

405 Ἀσία
IG II²1570, 66-68
Athens
c.330a.
ταλασίου (ἐμ) Περ [οἶκ]

406 [ Ἀ]σία
Annuario, 1944-5, no.183
Calymna
s.IIp.

407 Ἀσί[α]
AE 1917 no.330 p.117
Cyretiae

408 Ἀσία
GDI 1718      freed under
Delphi        a paramone
158/7a.       restriction
τὸ γένος Σύραν

409 Ἀσ[κ]ε[τεία]
IG IX.2.414a,2
Pherae
s.I/IIp.

410 Ἀσκλαπιάδας
IG IX.1².638,9
Naupactus     freed under
155/4a.       a paramone
οἰκογενής     restriction

411 Ἀ[σ]κλαπιάδας
IG IX.1².633
Naupactus
c. 150/49a.

412 Ἀσκλαπιάδας
GDI 2295
Delphi
153/2-144/3a.
το γένος Σύρον

413 Ἀσκλα[πι]ᾶς
JOAI Beibl. 14, p.146,
l.26
Argive Heraeum
fin. s.IIa.

414 Ἀσκλαπῶ
IG VII 3351
Chaeronea
s.IIa.

415 Ἀσκλᾶς
IG IX.2.1295,15
Oloosson
s.Ia./p.

416 Ἀσ[κ]ληπώ
AE 1917 no.320 p.36
Cyretiae
s.Ip.

417 Ἀσπίς
AE 1917 no.342b p.128
Cyretiae
s.Ip.

418 [Ἀ]σπίς
BCH 79 p.447, l.12
Scotussa
c.136a.
and see SEG 15 370

419 Ἀστερόπα
GDI 1987
Delphi
175/4a.
τὸ γένος ἐξ Ἀθαμανίας

420 Ἀστέρων
BCH p.233, A II
Atrax
s.Ia./p.

421 Ἀ[σ]τ[ι]κός
AE 1917 no.303 p.12
Cyretiae
s.Ia.

422 Ἀταλάντα
IG IX.2.109b,12
Halos
med. s.Ia.

423 Ἀταλάντη
IG XII.3.1302,34
Thera
s.IIa.

424 Ἀτ[έ]ας
IG VII 1779
Thespiae

425 Ἀτλ[ας?]
IG IV² 354
Epidaurus
s.IIIa.

426 ὤΑττα
　　IG II²1558, 66-57
　　Athens
　　c.330a.

427 ὤΑτ(τ)α[λος?]
　　IG IV 1220
　　Epidaurus
　　s.IIIa.

428 Ἀττική
　　IG IX.2.14
　　Hypata

429 Αὐγή
　　FD III 6,53　freed under
　　Delphi　　　a paramone
　　init. s.Ip.　restriction

430 Αὐγη
　　BCH 22 p.84, no.81
　　Delphi
　　init. s.Ip.
　　freed under a paramone
　　restriction

431 Αὐξίβιος ὁ νεώτερος
　　IG IX.2.21,3
　　Hypata
　　c.130p.

432 Ἀφθόνητος
　　IG IX.2.15,2
　　Hypata
　　c.40p.

433 Ἀφροβᾶς
　　Deltion 2 p.262, no.1
　　Thisbe
　　s.IIp.

434 Ἀφροδεισία
　　FD III 6,18 and 19
　　Delphi
　　init. s.Ip.
　　freed under a paramone
　　restriction
　　apolysis from paramone

435 Ἀφροδεισία
　　FD III 3,45　freed under
　　Delphi　　　a paramone
　　med. s.Ia.　restriction

436 Ἀφροδεισία
　　IG IX.2.75,24
　　Lamia
　　c.140a.

437 Ἀφροδεισία
　　IG IX.2.13
　　Hypata
　　47/8p.

438 Ἀφροδεισία
　　Annuario, 1944-5, no.168
　　Calymna
　　s.IIp.
　　cf. REA 44 p.217

439 Ἀφ[ρ]οδεισία
　　IG IX.2.1073
　　Campus Dotius
　　s.Ia./p.

440 Ἀφροδεισία
　　IG IX.2.207e,4
　　Melitea
　　s.Ia./p.

441 Ἀφροδεισία
　　AE 1945-7 p.110, no.58,
　　l.3
　　Perrhaebia
　　fin. s.Ia.

442 Ἀφροδεισία
　　AE 1930 p.177 no.1
　　Larisa
　　s.Ia./p.

443 Ἀφροδεισία
　　BCH 79 p.447, l.15
　　Scotussa
　　c.136a.
　　and see SEG 15 370

444 Ἀφροδεισία
　　BCH 79 p.447, l.18
　　Scotussa
　　c.136a.
　　and see SEG 15 370

445 Ἀφροδείσιος
　　BCH 83 p.487, no.18
　　Delphi
　　init. s.Ia.

446 Ἀφροδείσιος
　　BCH 79 p.446, l.3
　　Scotussa
　　c.136a.
　　and see SEG 15 370

447 Ἀφροδείσιος
　　FD III 4,70
　　Delphi
　　init. s.Ia.

448 Ἀφροδείσιος
    FD III 3,317
    Delphi
    fin. s.Ia.
    οἰκογενής

449 Ἀφροδεί[σι]ος
    FD III 3,286
    Delphi
    49/8a.
    οἰκογενής

450 [ Ἀφ]ρο[δ]είτη
    AE 1923 no.382 p.151
    Doliche
    fin. s.Ia.

451 Ἀφροδιεία
    Annuario, 1944-5, no.157
    Calymna
    s.IIp.

452 Ἀφροδισία
    IG IX.1².672,18
    Physcus
    med. s.IIa.
    freed under a paramone restriction

453 Ἀφροδισία
    GDI 2226
    Delphi
    140/39a.
    τὸ γένος Βοιωτᾶν ἐγ Λε(β)αδήας

454 Ἀφροδισία
    GDI 2152
    Delphi
    84/3-60/59a.

455 Ἀφροδισία
    GDI 2136
    Delphi
    143/2a.
    οἰκογενής

456 Ἀφροδισία
    IG XII.3.1302,65
    Thera
    s.IIa.

457 Ἀφ(ρ)οδισία
    IG XII.3.337,5
    Thera
    s.IIa.

458 Ἀφροδισί[α]
    IG XII.3.1302,12
    Thera
    s.IIa.

459 Ἀφροδισία
    IG XII.3.1302,14
    Thera
    s.IIa.

460 Ἀφροδισία
    BCH 68-9 p.117, no.28
    Delphi
    init. s.Ia.
    οἰκογενής

461 [ Ἀφρο]δισία
    RevPhil 10 (1936) no.XLIV, p.152
    Larisa?
    s.IIIa.

462 Ἀφροδισί[α]
    IG IX.1².624c,6
    Naupactus
    c. med. s.IIa.
    τὸ γένος Θραῖσσαν

463 Ἀφροδισία
    FD III 3,287
    Delphi
    med. s.Ia.
    tp
    οἰκογενής

464 Ἀφροδι[σία]
    FD III 3,408
    Delphi
    fin. s.Ia.

465 Ἀφροδισία
    GDI 2286
    Delphi
    140/39a.
    οἰκογενής

466 Ἀφροδισία
    GDI 2274        freed under
    Delphi          a paramone
    153/2-144/3a.   restriction
    τὸ γένος Σαρμάτισσαν

467 Ἀφροδισία
    GDI 1858        freed under
    Delphi          a paramone
    169/8a.         restriction

468 Ἀφροδισία
GDI 1945
Delphi
153/2-144/3a.
τὸ γένος Σύρα
freed under
a paramone
restriction

469 Ἀφροδισία
FD III 6,81
Delphi
med. s.Ia.

470 Ἀφροδισία
FD III 2,163
Delphi
fin. s.IIa.
οἰκογενής
freed under
a paramone
restriction

471 [Ἀ]φ[ρ]οδισία
FD III 6,82
Delphi
init. s.Ip.
οἰκογενής

472 Ἀφροδισία
FD III 1,340
Delphi
οἰκογενής

473 Ἀφροδισία
FD III 3,24
Delphi
med. s.IIa.
τὸ γένος Σαρμάτισσαν
freed under
a paramone
restriction

474 Ἀφροδισία
FD III 3,47
Delphi
med. s.IIa.

475 Ἀφροδισία
GDI 1815
Delphi
166/5a.

476 Ἀφροδισία
GDI 1804
Delphi
172/1a.

477 Ἀφροδισία
FD III 3,140
Delphi
113-100a.
τὸ γένος Γύραν

478 Ἀφρο[δισ]ία
FD III 3,141
Delphi
121-108a.
οἰκογενής

477 Ἀφροδισία
FD III 4,269
Delphi
49/8a.
οἰκογενής
freed under
a paramone
restriction

480 Ἀφροδισία
GDI 1717
Delphi
160/59a.
τὸ γένος Σύραν
freed under
a paramone
restriction

481 Ἀφροδισία
GDI 1767
Delphi
157/6a.
freed under
a paramone
restriction

482 Ἀφροδισία
IG IX.2.553,37
Larisa
s.Ia.

483 Ἀφροδισία
IG IX.2.288,15
Gomphi
s.I/IIp.

484 Ἀφροδισία
IG IX.2.288,11
Gomphi
s.I/IIp.

485 Ἀφροδισία
IG IX.2.414b,3
Pherae
s.I/IIp.

486 Ἀφροδισία
IG IX.2.415a,48
Pherae
med. s.Ia.

487 [Ἀ]φροδισί[α?] [ος?]
FD III 1,339
Delphi

488 Ἀφροδίσιος
IG IX.2.414b,5
Pherae
s.I/IIp.

489 Ἀφροδίσιος
FD III 3,374
Delphi
fin. s.Ia.
freed under a paramone
restriction
οἰκογενής

490 Ἀφροδίσιος
    FD III 3,306
    Delphi          freed under
    init. s.Ip.     a paramone
    οἰκογενής      restriction

491 Ἀφροδίσιος
    AE 1924 no.404 p.167
    Pythium
    s.Ia.

492 Ἀφροδίσιος
    BCH 95 p.278, l.49
    Larisa
    140-130a.

493 Ἀφροδίσιος
    GDI 2208       freed under
    Delphi          a paramone
    63/2-51/0a.    restriction
    οἰκογενής

494 Ἀφροδίσιος
    GDI 2175
    Delphi
    142/1 or 141/0a.
    γένος Θραῖξ

495 [Ἀ]φροδίσι[ος?] [α?]
    FD III 1,339
    Delphi

496 [Ἀφρο]δίτη
    IG IX.2.568
    Larisa
    s.II/Ia.

497 Ἀφροδιτία
    IG IV.529
    Argos
    s.IIIa.

498 Ἀφροδιτία
    IG VII 3303     freed under
    Chaeronea      a paramone
    s.IIa.           restriction

499 [Ἀφ]ροσίσκα
    AE 1917 no.313 p.25
    Cyretiae
    s.Ia.

500 Ἀχυρίω(ν)
    Hesperia 28 p.224 l.207
    Athens
    fin. s.IVa.

501 Βαβουδένα?
    IG IX.2.562,20
    Larisa
    s.I/IIp.?

502 Βαία
    IG IX.2.550,6
    Larisa
    s.Ia./p.

503 Βαίυλος
    Ditt.-Purg. p.31, no.12
    Olympia
    s.Va.?

504 Βακιάς
    IG IX.1$^2$.95    freed under
    Phistyum      a paramone
    fin. s.IIIa    restriction
    οἰκογενής

505 Βάκχιος
    IG IX.2.72,7
    Lamia
    s.Ia./p.

506 Βάκχιος
    IG IX.2.109a,13
    Halos
    med s.Ia.

507 Βάκχιος
    GDI 2098
    Delphi
    137/6a.?

508 Βάκχιος
    FD III 6,85
    Delphi
    124-116a.
    τὸ γένος Σύρον

509 Βακχίς
    GDI 1690
    Delphi
    157/6a.

510 Β[αρ]ουδέμα
    AE 1905 no.9 p.195
    Thessaly

511 Βαρράνης
    FD III 6,12
    Delphi
    init. s.Ip.

512 Βασίλιον
    GDI 2039
    Delphi
    187/6a.

513 Βαχίς
    GDI 2144
    Delphi
    84/3-60/59a.

514 Βαχχίς
    GDI 1980
    Delphi
    190/89a.
    οἰκογενής

515 Βεβαία
    FD III 2,227
    Delphi
    139/8a.

516 Βεβαία
    IG IX.1².97
    Phistyum
    init. s.IIa.
    οἰκογενής

517 Β[ει]ρώ
    ΑΕ 1917 no.320 p.36
    Cyretiae
    s.Ip.

518 Βερενίκα
    GDI 2185
    Delphi
    fin. s.Ia.

519 Βερενίκα
    GDI 1755          freed under
    Delphi            a paramone
    172/1a.           restriction

520 Βερενίκα
    GDI 1975          freed under
    Delphi            a paramone
    196/5a.           restriction

521 Βερενίκη
    BCH 79 p.447, l.44
    Scotussa
    c.135a.
    and see SEG 15 370

522 Βιβία
    GDI 1960
    Delphi
    189/8a.

523 Βιβία
    GDI 1985
    Delphi
    191/0a.
    τὸ γένος Ρωμαίων

524 Βίβλος
    IG IX.1².624f
    Naupactus
    c.200/180a.
    freed under a paramone
      restriction

525 Βιδία
    IG IX.2.553,6
    Larisa
    s.Ia.

526 Βίθυς
    IG IX.2.555,23
    Larisa
    s.Ia./p.

527 Βίθυς
    BCH 35 p.233 l.9
    Atrax
    s.Ia./p.

528 Β[ί]θυς
    BCH 95 p.278, l.28
    Larisa
    140-130a.
    but see Klio 1970 p.18 l.10

529 Βίθυς
    GDI 2009
    Delphi
    183/2a.
    τὸ γένος Θραῖκα

530 Βίθυς
    GDI 2169
    Delphi
    143/2a.
    οἰκογενής

531 Βιότα
    GDI 1844
    Delphi
    186/5a.
    τὸ γένος ἐκ Χαλκίδος

532 Βίο[τ]ος
    IG IX.2.207L
    Melitea
    s.Ia./p.

533 Βίων
    IG II²1559, 26-31
    Athens
    c.330a.
    Β. ἐμ Μελ οἴκω δακτυλιογλύ

534 [Β]ιώσιμος
    ΑΕ 1917 no.310 p.20
    Cyretiae
    s.Ip.

535 Βοηθός
    GDI 1817
    Delphi
    med. s.IIa.

536 Βοία
    FD III 3,421   freed under
    Delphi         a paramone
    fin. s.Ia.     restriction

537 Βοίσκα
    GDI 1780
    Delphi
    168/7a.

538 Βοίσκα
    GDI 2055
    Delphi
    186/5a.

539 Βοίσκος
    GDI 1780
    Delphi
    168/7a.

540 Βολλίθι
    GDI 1914
    Delphi
    154/3a.
    οἰκογενής

541 Βούβα
    IG IX.1$^2$.99
    Phistyum
    init. s.IIa.
    οἰκογενής

542 [Β]ουκατία
    IG VII 1780,6
    Thespiae
    s.IIIa.
    freed under a paramone
    restriction

543 Βο[ύ]τορμα
    IG IX.2.109a,36
    Halos
    med. s.Ia.

544 Βουτόρμα
    IG IX.2.109b,50
    Halos
    med. s.Ia.

545 [Βρ]όμιος
    IG IX.2.207d,5
    Melitea
    s.Ia./p.

546 Βρόμιος
    GDI 2228
    Delphi
    187/6a.
    οἰκογενής

547 Βῶλος
    IG IX.1$^2$.639,6
    Naupactus
    c. med. s.IIa.
    οἰκογενής

548 Βῶτα
    GDI 2195
    Delphi
    84/3-60/59a.

549 Βῶτα
    GDI 2173
    Delphi
    101/0-60/59a.

550 Βῶτα
    SEG 2 301
    Delphi
    s.Ia.

551 Βῶτα
    SEG 2 303
    Delphi
    s.Ia.
    οἰκογενής

552 Βῶτα
    FD III 3,288
    Delphi
    init. s.Ia.
    cf. GDI 2195

553 Βῶτα
    FD III 3,290
    Delphi
    med. s.Ia.
    οἰκογενής

554 Γαῖα
    BCH 59 p.52 l.33
    Crannon
    post. s.Ia.

555 Γαλάτηα
    AE 1917 no.344 p.130
    Cyretiae
    s.Ia.

556 Γαῦρον
    Annuario, 1944-5, no.164
    Calymna
    s.IIp.

557 Γενε[ά]
    AE 1923 p.145 no.378, 10
    Doliche?
    s.IIp.
    see AE 1913, p.161;
        IG IX.2.1274

558 Γε[ω]ργία
    AE 1913 p.175
    Oloosson
    s.Ip.
    cf. AE 1916 no.292 p.86
    and IG IX.2.1298

559 [Γ]εωργία
    AE 1917 no.305 p.12
    Cyretiae
    s.Ia.

560 Γεωργός
    IG IX.2.16,13
    Hypata
    131/2p.

561 Γίλλος
    ASAL, 60,II,no.27, p.92
    Epidaurus
    fin. s.IIIa.

562 Γλαῦκα
    SEG 12 314    freed under
    Beroea        a paramone
    a.235         restriction

563 Γλαύκη
    IG IX.2.340b,5
    Cyretiae
    med. s.IIp.

564 Γλαυκίας
    IG IX.2.1042II,49
    Gonnus
    aetate Flaviorum
    see also Gonnoi, p.164,
    no.139

565 Γλαυκίας
    IG II² 1570,82-84
    Athens
    fin. s.IVa.
    ἐν 'Ηφ[αιστιαδῶν οἴκ]

566 Γλαυκίας
    GDI 2258
    Delphi
    143/2a.
    τὸ γένος Σύρον

567 Γλαυκίας
    GDI 1791
    Delphi
    170/69a.

568 Γλαυκίας
    FD III 3,27   freed under
    Delphi        a paramone
    139/8a.       restriction
    τὸ γένος Δάρδανον

569 Γλαυκίας
    GDI 1777
    Delphi
    168/7a.

570 Γλαφύρα
    Annuario, 1944-5, no.156
    Calymna
    s.IIp.

571 Γλαφύρα
    BCH 68-9 p.111, no.22
    Delphi
    med. s.IIa.

572 Γλυκέρα
    FD III 6,58   freed under
    Delphi        a paramone
    init. s.Ip.   restriction

573 Γλυκέρα
    IG II²1558, 87-89
    Athens
    c.330a.

574 Γλυκέρα
    IG IX.2.207c,3
    Melitea
    s.Ia./p.

575 Γλυκίνα
    IG IX.2.1121,1
    Demetrias
    s.I/IIp.

576 Γνωσιφίλα
    GDI 2038      freed under
    Delphi        a paramone
    186/5a.       restriction
    τὸ γένος ἐξ Σπερχειᾶν

577 Γοργονίσκα
    BCH 79 p.447, l.22
    Scotussa
    c.136a.
    and see SEG 15 370

578 Γοργονίσκα
    BCH 79 p.447, l.57
    Scotussa
    c.134a.
    and see SEG 15 370

579 Γοργώ
    GDI 1984
    Delphi
    193/2a.
    freed under a paramone
    restriction

580 Γραῦs
　　Annuario 1944-5, no.164
　　Calymna
　　s.IIp.
　　'Ερμιόνη ἡ λεγομένη Γραῦs

581 Γρῖποs
　　FD III 3,366
　　Delphi
　　44/3a.　　freed under
　　οἰκογενήs　a paramone
　　　　　　　restriction

582 [Γ]ρύπων
　　GDI 1351
　　Dodona
　　s.IVa.
　　but see JHS 1881 p.118

583 ΓΥΝΑΤΟΝ (ΓΥΝΑΤΟΣ)
　　SEG 16 356
　　Physcus
　　c. 170a.
　　but see IG IX.1$^2$.672 and
　　IG IX.1.349

584 Δάδα
　　IG IX.2.324b
　　Aeginium
　　s.I/IIp.

585 Δαζέτα
　　IG IX.2.1042,12
　　Gonnus
　　s.10a.?
　　and see Gonnoi p.139,
　　no.117

586 Δαζίμα
　　GDI 1789
　　Delphi
　　170/69a.

587 Δαζίμα
　　GDI 1789
　　Delphi
　　170/69a.

588 Δάζιμοs
　　GDI 1952　　freed under
　　Delphi　　　a paramone
　　185/4a.　　restriction

589 Δάζοs
　　BCH 35 p.233 l.15
　　Atrax
　　s.Ia./p.

590 Δάζοs
　　IG IX.2.553,13
　　Larisa
　　s.Ia.

591 Δάζοs
　　IG IX.2.550
　　Larisa

592 Δάζοs
　　BCH 35 p.233 l.15
　　Atrax
　　s.Ia./p.

593 Δάζοs
　　AE 1924 no.400 p.157
　　Pythium
　　s.Ia.

594 Δαίδαλοs
　　FD III 3,10
　　Delphi
　　med. s.IIa.

595 Δαικλ[ῆ]s
　　IG IV$^2$ 356
　　Epidaurus
　　s.IIIa.

596 Δαίοχοs
　　Ditt.-Purc. p.31, no.12
　　Olympia
　　s.Va.?

597 Δαμαινέτα
　　GDI 2093
　　Delphi
　　142/1 or 141/0a.

598 Δάμαιχοs
　　FD III 1,566
　　Delphi
　　fin. s.IIa.
　　freed under a paramone
　　restriction
　　οἰκογενήs

599 Δαμαρχίs
　　GDI 1798
　　Delphi
　　168/7a.
　　freed under a paramone
　　restriction
　　ἐνδογενήs

600 Δαμαρχίs
　　BCH 68-69, p.117, no.29
　　Delphi
　　med. s.Ia.
　　and see FD III,1,293

601 Δαμᾶs
　　BCH 95 p.278, l.53
　　Larisa
　　140-130a.
　　but see Klio 1970 p.18,
　　l.35

602 Δάμας
    *Annuario*, 1944-5, no.205
    Calymna
    s.IIp.

603 Δαμᾶς
    *IG* IX.2.415a,44
    Pherae
    med. s.Ia.

604 Δαμᾶς
    *AE* 1916 no.278 p.29
    Oloosson
    s.Ia./p.
    cf. *JHS* 1913 no.12c p.323

605 Δαματρία
    *IG* IV$^2$ 370
    Epidaurus
    s.IIIa.

606 Δαματρία
    *GDI* 1890    freed under
    Delphi      a paramone
    164/3a.?   restriction

607 Δαματρία
    *GDI* 1748    freed under
    Delphi      a paramone
    166/5a.    restriction

608 Δαμάτριος
    *IG* VII 3301
    Chaeronea
    s.IIa.

609 Δαμάτρ[ι]ος
    *IG* IX.2.414b,14
    Pherae
    s.I/IIp.

610 Δαμῖνος
    *FD* III 6,72
    Delphi
    121-108a.
    οἰκογενής

611 Δάμιππος
    *GDI* 2101
    Delphi
    192/1a.

612 Δαμοίτα[ς]
    *IG* IV 530
    Argive Heraeum
    s.III/IIa.?

613 Δαμοκράτης
    *GDI* 2048
    Delphi
    178/7a.

614 Δᾶμος
    *Klio* 52 p.18, l.35
    Larisa
    140-130a.
    but see *BCH* 95 p.278, l.53

615 Δαμοσθένεια
    *IG* IV.529
    Argos
    s.IIIa.

616 Δαμοστράτα
    *FD* III 3,364
    Delphi
    init. s.Ia.
    freed under a paramone
    restriction

617 Δαμώ
    *GDI* 1966
    Delphi
    183/2a.

618 Δαμώ
    *GDI* 2008
    Delphi
    190/89a.
    οἰκογενής

619 Δαμώ
    *GDI* 2063
    Delphi
    182/1a.

620 Δαμώ
    *GDI* 1692
    Delphi
    s.IIa.
    οἰκογενής

621 Δαμώ
    *GDI* 2132
    Delphi
    192/1a.
    τὸ γένος ’εκ Τρωνείας

622 Δαμώ
    *GDI* 2129
    Delphi
    192/1a.
    τὸ γένος Λάκωνας

623 Δαμώ
    *IG* VII 3305
    Chaeronea
    s.IIa.

624 Δάμων
    *IG* IX.2.16
    Hypata
    c.130p.

625 Δ[ά]μων
    AE 1917 no. 345 p.139
    Cyretiae
    s.Ip.

626 Δάμων
    GDI 1765a
    Delphi
    161/0a.

627 Δάμων
    FD III 1,305
    Delphi
    94/3a.

628 Δάμων
    GDI 1899      freed under
    Delphi      a paramone
    155/4a.      restriction

629 Δαντώ
    BCH 66-7 p.75-6, no.5
    Delphi
    med. s.IIa.
    οἰκογενής

630 Δᾶος
    IG II$^2$ 1574,4-8
    Athens
    fin. s.IVa.

631 Δᾶος
    IG VII 3318
    Chaeronea
    s.IIa.

632 Δαρδάνα
    GDI 2194
    Delphi
    c.130a.
    τὸ γένος Δαρδάναν

633 Δαυνιτίλδα
    FD III 6,135
    Delphi
    med. s.Ip.
    οἰκογενής

634 [Δ]αφνίς
    AE 1917 no.320 p.36
    Cyretiae
    s.Ia.

635 Δάφνος
    IG IX.2.29
    Hypata
    s.Ia./p.

636 Δέλμις
    SEG 23 355
    Naupactus
    s.IIa.

637 Δελφίς
    FD III 1,304      freed under
    Delphi      a paramone
    94/3a.      restriction

638 [Δέλ?]φουν
    IG IX.2.414b,11
    Pherae
    s.I/IIp.

639 Δεξικλ[έ]as
    JOAI Beibl. 14, p.146,
    l.16
    Argive Heraeum
    fin. s.IIa.

640 Δέξιππος
    FD III 3,19
    Delphi
    med. s.IIa.
    οἰκογενής

641 Δέξις
    IG IX.1$^2$.639,5
    Naupactus
    c. med. s.IIa.

642 [Δη]μαι[ν]έτα
    AE 1924 no.404 p.167
    Pythium
    s.Ia.

643 Δημάριον
    IG IX.2.206b,IIb,12
    Melitea
    med. s.Ia.

644 Δημέας
    Hesperia 28 p.224 l.217
    Athens
    fin. s.IVa.

645 Δημέας
    IG II$^2$ 1570,54-56
    Athens
    fin. s.IVa.

646 Δημη[τ]ρία
    IG II$^2$ 1576,29-31
    Athens
    fin. s.IVa.

647 Δημητρία
    IG IX.2.544,16
    Larisa
    41/2p.

648 Δ[η]μητρία
    IG IX.2.544,18
    Larisa
    41/2p.

649 Δημητρία
GDI 2252 freed under
Delphi a paramone
153/2-144/3a. restriction

650 Δημητρία
GDI 2121
Delphi
195/4a.
τὸ γένος ᾽εκ Περγάμου

651 Δ[ημη]τρ[ί]α
AE 1924 no.403 p.160
Pythium

652 Δημήτρια
FD III 3,35
Delphi
med. s.IIa.
τὸ γένος Σύραν

653 Δημητρία
GDI 1849 freed under
Delphi a paramone
164/3a.? restriction
τὸ γένος Θραῖσσαν

654 Δημητρία
FD III 2,233 freed under
Delphi a paramone
137/6a.? restriction

655 [Δημ]ητρία
IG II²1566, 18-20
Athens
c.330a.

656 Δημητρία
IG II²1568, 16-17
Athens
c.330a.

657 Δημητρί[α]
IG II²1557 63-67
Athens
c.330a.
κιθαρωιδὸ ᾽Επικηφι[σι]ᾶ
οἴκο

658 Δημήτριος
IG II²1566, 9-11
Athens
c.330a.

659 Δημήτριος
GDI 1877
Delphi
162/1a.
τὸ γένος Ἀρμένιος

660 Δημήτριος
GDI 1857
Delphi
169/8a.
τὸ γένος Σύρον

661 Δημήτριος
GDI 1922
Delphi
156/5a.
τὸ γένος Φρύγα

662 Δημήτριος
GDI 1707
Delphi
153/2-144/3a.

663 Δημήτριος
IG IX.1².721c
Chalium
post med. s.IIa.
τὸ γένος Λαοδικῆ

664 Δημή[τ]ριος
IG XII.3.1302,71
Thera
s.IIa.

665 Δημήτριος
IG XII.3.1302,68
Thera
s.IIa.

666 Δημήτριος
IG XII.3.337,7
Thera
s.IIa.

667 Δη[μ]ή[τρ]ιος
AE 1924 no.406 p.170
Pythium
s.Ia./p.

668 Δημήτριος
IG IX.2.73
Lamia
s.Ia./p.

669 Δημήτριος
IG IX.2.109b,43
Halos
med. s.Ia.

670 Δημήτριος
BCH 79 p.446, l.11
Scotussa
c.136a.
and see SEG 15 370

671 Δημοκράτης
    BCH 79 p.447, l.40
    Scotussa
    c.135a.
    and see SEG 15 370

672 Δημοφίλα
    BCH 79 p.447, l.20
    Scotussa
    c.136a.
    and see SEG 15 370

673 Δημώ
    Annuario, 1944-5, 172
    Calymna
    s.IIp.

674 Διαβούλιον
    FD III 6,122
    Delphi
    med. s.Ip.

675 Διαβούλιον
    FD III 3,423 and 424
    Delphi
    fin. s.Ia.
    freed under a paramone
    restriction
    apolysis from paramone

676 Δίαιτα
    IG XII.3.336,22
    Thera
    s.IIIa.

677 Διδύμη
    IG V.2.275
    Mantinea
    s.II/IIIp.
    see SEG 11 1096

678 Δικαιαγόρα
    GDI 2026
    Delphi
    189/8a.

679 Δικαίαρχος
    GDI 1869
    Delphi
    177/6a.
    οἰκογενής

680 Δικαίαρχος
    IG IX.2.207b
    Melitea
    s.Ia./p.

681 Δικαίαρχος
    GDI 1837
    Delphi
    med. s.IIa.

682 Δικαί[ας]
    IG IX.2.71,4
    Lamia
    s.Ia./p.

683 Δικαίνετα
    IG IX.2.109a,47
    Halos
    med. s.Ia.

684 Δικαίνετα
    IG IX.2.104
    Itonus?
    med. s.Ia.

685 Δικαιονίκα
    IG IX.2.102
    town near Kophi
    184/3a.

686 Δικαιόπολις
    IG IX.2.287b,8
    Gomphi
    s.Ia./p.

687 Δίκαιος
    IG IX.1$^2$.624ρ
    Naupactus
    c. med. s.IIa.
    γένος 'Αντιοχῆ

688 [Δικαιο]σύνα
    GDI 2325
    Delphi
    init. s.Ia.
    cf. BCH 68-9 p.116 and
    BCH 73 p.283
    ἐνδογενής

689 Δικαιοσύνα
    GDI 2088
    Delphi
    140/39a.
    ἐνδογενής

690 Δῖνος
    IG XII.3.1302,24
    Thera
    s.IIa.

691 Δινυσία
    Gonnoi, p.164, no.139
    Gonnus
    aetate Flaviorum

692 Διογένης
    IG IX.2.474,19
    Atrax
    med. s.Ia.

693 Διογένης
FD III 3,346
Delphi
med. s.Ia.
freed under a paramone restriction

694 Διόγν[ητ]ος
AE 1917 no.335b p.121
Cyretiae

695 Διοδώρα
IG IX.2.276a,15
Metropolis
s.I/IIp.

696 Διοδώρα
GDI 1710
Delphi
155/4a.
τὸ γένος Φρυγίαν

697 Διόδωρος
BCH 79 p.448 l.28
Scotussa
init. s.IIa.
and see SEG 15 370

698 Δ[ιό]δωρος
IG IX.1.66
Daulis
med. s.IIa.
freed under a paramone restriction

cf. BCH 59 p.202, l.6

699 Διοκλέα
FD III 2,243
Delphi
fin. s.IIa.
freed under a paramone restriction
τὸ γένος 'Αιγ[υπτίαν]

700 Διόκλεα
FD III 3,426
Delphi
med. s.Ia.

701 Διόκλεια
IG IX.1.125
Elatea
s.IIa.

702 Διόκλεια
GDI 2171
Delphi
84/3-60/59a.
οἰκογενής
freed under a paramone restriction

703 Διοκλῆς
IG IX.2.71
Lamia
s.Ia./p.

704 Διοκλῆς
FD III 3,322
Delphi
fin. s.Ia.
οἰκογενής

705 Διοκλῆς
IG IX.2.568,5
Larisa
s.II/Ia.

706 [Δ]ιομήδης
AE 1917 no.303 p.3
Cyretiae
s.Ip.

707 Διονυσί[α]
AE 1929 no.21 p.147
Pyrasos
s.I/IIp.

708 Διονυσία
GDI 2248
Delphi
178/7a.

709 Διονυσία
GDI 2259
Delphi
63/2-51/0a.
οἰκογενής

710 Διονυσία
IG IV² 370
Epidaurus
s.IIIa.

711 Διονυσία
IG IV² 366
Epidaurus
s.IIIa.

712 Διονυσία
ASAL, 60,II,no.13 p.81
Epidaurus
s.IIIa.
cf. IG IV² 366

713 Διονυσία
ASAL, 60,II,no.26, p.92
Epidaurus
fin. s.IIIa.

714 Διονυσία
BCH 83 p.479, no.13
Delphi
init. s.Ia.
apolysis of GDI 1942

715 Διονυσία
    FD III 3,373
    Delphi
    fin. s.Ia.

716 Διονυσία
    FD III 6,86
    Delphi
    fin. s.IIa.
    ἐνδογενής

717 Διονυσία
    FD III 6,84
    Delphi
    124-116a.
    οἰκογενής

718 Διονυσία
    GDI 2314
    Delphi
    124-116a.
    οἰκογενής

719 Διονυσία
    GDI 1942
    Delphi
    153/2-144/3a.
    freed under a paramone
    restriction
    and see BCH 83 p.479,
    no.13

720 Διονυσία
    GDI 1921
    Delphi
    156/5a.
    ἐνδογενής

721 Διονυσία
    IG VII 3378    freed under
    Chaeronea     a paramone
    s.IIa.        restriction

722 Διονυσία
    IG VII 3324   freed under
    Chaeronea     a paramone
    s.IIa         restriction

723 Διονυσία
    FD III 3,294
    Delphi         freed under
    med. s.Ia.     a paramone
                   restriction

724 Διονυσία
    FD III 3,303 and 304
    Delphi
    init. s.Ip.
    freed under a paramone
    restriction
    apolysis from paramone
    οἰκογενής

725 Διονυσία
    IG IX.2.554,14
    Larisa
    s.Ia./p.

726 Διονυσία
    BCH 79 p.448, l.61
    Scotussa
    c.134a.
    and see SEG 15 370

727 Διονυσία
    IG IX.2.474,23
    Atrax
    med. s.Ia.

728 Διονυσία
    BCH 79 p.447 l.45
    Scotussa
    c.135a.
    and see SEG 15 370

729 Διονυσία
    FD III 1,566   freed under
    Delphi         a paramone
    fin. s.IIa.    restriction
    οἰκογενής

730 Διονυσία
    GDI 1712
    Delphi
    153/2-144/3a.
    τὸ γένος Αἰγυπτίαν

731 Διον[υ]σία
    FD III 3,138
    Delphi
    fin. s.IIa.
    οἰκογενής

732 Διονύσιος
    FD III 1,572   freed under
    Delphi         a paramone
    med. s.Ip.     restriction

733 Διονύσιος
    FD III 1,309
    Delphi
    init. s.Ia.
    ἐνδογενής

734 [Διον]ύσιος
    FD III 2,124
    Delphi
    med. s.IIa.

735 Διονύσιος
    FD III 2,238
    Delphi
    139/8a.
    ἐνδογενής

736 Διονύσιος
    FD III 2,125    freed under
    Delphi    a paramone
    fin. s.IIa.    restriction

737 Διονύσιος
    IG IX.2.276a,11
    Metropolis
    s.I/IIp.

738 Διονύσιος
    IG IX.2.276a,5
    Metropolis
    s.I/IIp.

739 Διονύσιος
    IG IX.2.463,13
    Crannon
    med. s.Ia.

740 Διονύσιος
    IG IX.2.109b,69
    Halos
    med. s.Ia.

741 Διονύσιος
    SEG 12 247
    Delphi
    s.Ia.

742 Διονύσιος
    IG IX.2.555,32
    Larisa
    s.Ia./p.

743 Διονύσιος
    GDI 1902
    Delphi
    154/3a.
    τὸ γένος Θραῖκα

744 Διονύσιος
    IG II²1559, 51-54
    Athens
    c.330a.
    Δ. ἐν [Σ]κα ο[ἰ]κ γεωργό

745 Διονύσιος
    AE 1917 no.305 p.12
    Cyretiae
    s.Ia.

746 Διονύσιος
    AE 1932 Chronika no.7 p.22
    Larisa
    s.Ia./p.

747 Διονύσιος
    BCH 68-9 p.119, no.31
    Delphi
    30-29a.?

748 Διονύσιος
    IG IX.2.474,28
    Atrax
    med. s.Ia.

749 [Διο]ν[ύ]σ[ιος]
    AE 1916 no.284 p.79
    Oloosson
    fin. s.Ia.

750 Διονύσιος
    GDI 2234
    Delphi
    187/6a.
    οἰκογενής

751 Διονύσιος
    IG IX.2.26
    Hypata

752 Διονύσιος
    IG IX.2.30
    Hypata
    s.Ia./p.

753 Διονύσιος
    SB Berlin 1936 p.371a
    Potidania
    med. s.IIa.
    οἰκογενής

754 [Δ]ιονύσιος
    IG VII 2872    freed under
    Coronea    a paramone
        restriction

755 Διονυσόδωρο[ς]
    BCH 68-9 p.115, no.26
    Delphi
    fin. s.IIa.

756 Διονυσόδωρος
    GDI 2229    freed under
    Delphi    a paramone
    c. 186a.    restriction
    ἐνδογενής

757 Διονυσόδωρος
    GDI 2155
    Delphi
    c. 100a.
    τὸ γένος Σύρον

758 Δ[ῖ]ος
    IG IX 1².137f,89
    Calydon
    med. s.IIa.

759 Διοσκουρίδας
   GDI 2271
   Delphi
   139/8-122/1a.
   ἐνδογενής

760 Διοσκουρίδης
   IG IX.2.550,4
   Larisa
   s.Ia./p.

761 [Δ]ιο[φ]άνης
   Polemon B'Parart p.15
   no.18
   Thaumakoi
   s.Ia.

762 Διόφαντος
   IG IX.2.414b,7
   Pherae
   s.I/IIp.

763 Δ[ιο]φαντος
   AE 1932 Chronika, p.24,
   l.17
   Larisa
   s.Ia./p.

764 Διόφαντος
   IG IX.2.206,IIIc,4
   Melitea
   43/4p.

765 Δίσκος
   BCH 79 p.447, l.25
   Scotussa
   c.136a.
   and see SEG 15 370

766 Δίσσκος (Δίσκος)
   GDI 2190        freed under
   Delphi          a paramone
   143/2a.         restriction
   τὸ γένος Αἰγύπτιον

767 Δίτα
   IG IX.2.274,5
   Metropolis
   186/5a.

768 Δίφιλος
   IG IX.2.287c.
   Gomphi
   s.Ia./p.

769 Διωνιουσία
   Deltion 2 p.219, line 59
   Coronea
   freed under a paramone
   restriction

770 Διωνιούσιος
   Deltion 2 p.224, line 4
   Coronea
   freed under a paramone
   restriction

771 Διωνουσία
   BCH 19 161
   Orchomenos
   med. s.IIIa.

772 Δόκιμος
   IG II$^2$ 1569,29-34
   Athens
   fin. s.IVa.
   ἐμ Μελίτει οἰκῶν

773 Δ[ο]νᾶ[τος]
   AE 1917 no.320 p.36
   Cyretiae
   s.Ip.

774 Δόξα
   AE 1930 no.1 p.176
   Larisa
   s.Ia./p.

775 [Δ]όξα
   IG IX.2.109a,64
   Halos
   med. s.Ia.

776 Δόξα
   GDI 2114        freed under
   Delphi          a paramone
   fin. s.Ia.      restriction

777 Δόξα
   IG IX.2.1295,10
   Oloosson
   s.Ia./p.

778 Δόξα
   GDI 1962
   Delphi
   182/1a.

779 Δόξα
   FD III 3,386    freed under
   Delphi          a paramone
   init. s.Ip.     restriction

780 Δορκάς
   GDI 1866        freed under
   Delphi          a paramone
   175/4a.         restriction

781 Δορκά[s]
   GDI 2062
   Delphi
   180/79 or 179/8a.
   τὸ γένος Θράισσαν

782 Δορκίνας
GDI 2245
Delphi
157/6a.

783 Δορκίνας
GDI 2237
Delphi
198/7a.
οἰκογενής

784 Δορκίς
GDI 1701
Delphi
153/2-144/3a.
οἰκογενής

785 Δορκίων
IG IX.2.75
Lamia
c.140a.

786 Δορύπολις
FD III 1,568
Delphi
fin. s.IIa.
τὸ γένος Θραῖκα

787 Δορυφόρος
IG IX.2.16
Hypata
c.130p.

788 Δοῦτα?
IG IX.2.567,8
Larisa
s.II/Ia.?

789 Δοῦτα
IG IX.2.276a,13
Metropolis
s.I/IIp.

790 Δρακοντίς
IG IX.2.15
Hypata
c.40p.

791 Δρακοντώ
IG IX.2.21
Hypata
c.130p.

792 Δριμ[αῖ]ος
AE 1924 no.400 p.156
Pythium
s.Ia.

793 Δρόμων
IG XII.3.1302,46
Thera
s.IIa.

794 Δρόμων
JOAI Beibl.14,p.146,l.25
Argive Heraeum
fin. s.IIa.

795 Δρόμων
GDI 1948
Delphi
153/2-144/3a.

796 Δρόμων
GDI 1930
Delphi
154/3a.

797 Δωπύρι
IG VII 2228    freed under
Thisbe         a paramone
               restriction

798 Δώρημα
GDI 2084       freed under
Delphi         a paramone
185/4a.        restriction

799 Δώρημα
FD III 3,36
Delphi
med. s.IIa.

800 Δωρίς
GDI 2093
Delphi
142/1 or 141/0a.
οἰκογενής

801 Δωρίς
IG IX.2.15
Hypata
c.40p.

802 Δωρίς
GDI 1895
Delphi
156/5a.
τὸ γένος Θραῖσαν

803 Δωρίς
IG IX.2.1118,2
Demetrias
s.IIp.

804 Δωρίων
GDI 2162
Delphi
137/6a.?
ἐνδογενής

805 Δωρίων
AE 1924 no.402 p.159
Pythium
s.Ia./p.

806 Δωρίων
　　IG IX.1.42　freed under
　　Stiris　a paramone
　　init. s.IIa.　restriction

807 Δωροθέα
　　IG XII.3.1302,22
　　Thera
　　s.IIa.

808 Δωροθέα
　　IG IX.2.13,16
　　Hypata
　　47/8p.

809 Δωροθέα
　　GDI 1722
　　Delphi
　　158/7a.

810 Δωρόθεο[s]
　　IG II²1570, 33-35
　　Athens
　　c.330a.

811 Δωρώ
　　FD III 2,239
　　Delphi
　　137/6a.?
　　freed under a paramone
　　restriction

812 Δωσιθέα
　　JOAI Beibl. 14, p.146,
　　l.28
　　Argive Heraeum
　　fin. s.IIa.

813 Ἐάρινος
　　IG IX.2.546,25
　　Larisa
　　131/2p.

814 Ἔβρος
　　FD III 6,98
　　Delphi
　　124-116a.

815 Εἷα
　　IG IX.2.554,20
　　Larisa
　　s.Ia./p.

816 [Ε]ἰλᾶ[ρ]α
　　IG IX.2.276a,4
　　Metropolis
　　s.I/IIp.

817 Εἰ[λ]ιᾶs
　　AE 1913 p.152c
　　Cyretiae
　　s.Ip.
　　but see IG IX.2.349c

818 E[ἰ]λλ[η]σ[ό]s
　　AE 1924 no.410 p.182
　　Pythium
　　s.IIIp.

819 Εἰράνα
　　GDI 2209　freed under
　　Delphi　a paramone
　　139/8a.　restriction
　　τὸ γένος Σύραν

820 Εἰράνα
　　IG IX.2.109a,6
　　Halos
　　med. s.Ia.

821 Εἰράνα
　　IG IX.2.73
　　Lamia
　　s.Ia./p.

822 Εἰράνα
　　GDI 1911
　　Delphi
　　154/3a.
　　τὸ γένος Ἀρμενίαν

823 Εἰράνα
　　FD III 2,130
　　Delphi
　　93/2-81/0a.

824 Εἰρήνα
　　GDI 2142
　　Delphi
　　142/1 or 141/0a.
　　τὸ γένος Σαρμάτη

825 Εἰρήνα
　　IG XII.3.337,9
　　Thera
　　s.IIά.

826 Εἰρηναῖος
　　IG IX.2.110
　　Halos
　　s.I/IIp.

827 Εἰρήνη
　　Deltion 11 no.5 p.58-9
　　Larisa

828 Εἰρήνη
　　GDI 2175
　　Delphi
　　142/1 or 141/0a.

829 Εἰρήνη
　　Annuario 1944-5, no.164c
　　Calymna
　　s.IIa.

830 Εἴρις
   GDI 1773
   Delphi
   170/69a.

831 Εἰσίας
   FD III 3,270
   Delphi
   med. s.Ia.
   οἰκογενής

832 Εἰσιάς
   FD III 3,134
   Delphi
   fin. s.IIa.
   freed under a paramone
   restriction

833 Εἰσιας
   IG IX.2.553,34
   Larisa
   s.Ia.

834 Εἰσιάς
   SEG 2 307
   Delphi
   s.Ia.
   freed under a paramone
   restriction

835 Εἰσιάς
   FD III 3,329 and 333
   Delphi
   fin. s.Ia.
   freed under a paramone
   restriction
   apolysis from paramone

836 Εἰσιάς
   AE 1917 no.331 p.118
   Cyretiae
   21/0a.

837 Εἰσιάς
   SEG 25 640
   Milea
   s.IIp. post.
   freed under a paramone
   restriction
   τὸ γένος Σύραν

838 Εἰσιγένης
   FD III 6,132
   Delphi
   med. s.Ip.

839 Εἰσιγένης
   FD III 6,131
   Delphi
   med. s.Ip.

840 Εἰσί[δοτος]
   IG IX.2.349
   Cyretiae
   s.Ip.
   but see AE 1913 p.152c

841 Εἰσιδώρα
   IG IX.2.559,2
   Larisa

842 Εἰσιδώρα
   BCH 94 p.1054
   Leukopetra
   s.II-IVp.
   see Deltion 1966,
   Chronika p.354

843 Εἰσιδώρα
   GDI 2180
   Delphi
   53/2-39/8a.
   οἰκογενής

844 Εἰσιδώρα
   GDI 2128
   Delphi
   193/2a.

845 [Εἰ?]σίδ[ω]ρος
   IG IX.2.1042,49
   Gonnus
   s.Ip.

846 Εἰσίδωρος
   BCH 35 p.232 l.12
   Atrax
   s.Ia./p.

847 Εἰσίδωρος
   IG IX.2.207g
   Melitea
   s.Ia./p.

848 Εἰταλία
   IG IX.2.359c,III
   Pagasae
   s.I/IIp.

849 Ἐλαία
   AE 1917 no.320 p.36
   Cyretiae
   s.Ip.

850 Ἐλάφιον
   GDI 2230
   Delphi
   185/4a.
   τὸ γένος Σύραν

851 Ἑλένα
     IG IX.2.553,41
     Larisa
     s.Ia.

852 Ἑλένα
     GDI 2323
     Delphi
     11/10a.?
     οἰκογενής

853 Ἑλένη
     Deltion 11 no.5 p.58-59
     Larisa

854 Ἑλένη
     AE 1917 no.316 p.31
     Cyretiae
     s.Ip.

855 Ἑλένη
     Hell. I p.71
     Kolobaisa
     c.200p.

856 [ Ἐλευ?]θέ[ρ]α
     IG IV$^2$ 371
     Epidaurus
     s.IIIa.

857 Ἐ[λ]ευθέριον
     Polemon B'Parart
     p.15 no.18
     Thaumakoi
     s.Ia.

858 Ἐλευθερίς
     GDI 2126    freed under
     Delphi       a paramone
     194/3a.     restriction

859 [ Ἐ]λευθερίς
     Deltion 2 269
     Coronea
     s.Ia.?

860 [ Ἐ?]λ[λ?]αδίκα
     IG IX.2.109b,33
     Halos
     med. s.Ia.

861 Ἑλλανικός
     FD III 2,240
     Delphi
     139/8-122/1a.
     οἰκογενής

862 Ἑλλᾶς
     FD III 1,310
     Delphi
     init. s.Ia.

863 Ἑλλᾶς
     GDI 2177
     Delphi
     142/1 or 141/0a.
     ἐνδογενής

864 Ἑλλᾶς
     IG II$^2$1570, 51-53
     Athens
     c.330a.
     E. ταλασιουργὸς ἐγ
     Κυδαθ οἰκ

865 Ἐλπιδίων
     IG IX.2.554,18
     Larisa
     s.Ia./p.

866 Ἐλπίς
     IG IX.2.359c,II
     Pagasae
     s.I/IIp.

867 Ἐλπίς
     BSA 18 p.139 no.2
     Beroea
     182p.

868 [Ἐ]λπίς
     Hesperia 37 p.368 line 4
     Athens
     c. 330a.
     ἐμ Μ[ε]λί [οἴκου α]ὐλητρια

869 Ἐλπίς
     IG IX.2.554,11
     Larisa
     s.Ia./p.

870 Ἐλπίς
     IG IX.2.543a,3
     Larisa
     s.Ia./p.

871 Ἐλπίς
     IG IX.2.562,14
     Larisa
     s.I/IIp.

872 Ἐλπίς
     IG IX.2.561,8
     Larisa
     s.Ia.?

873 Ἐλπίς
     Annuario, 1944-5, no.194
     Calymna
     s.IIp.
     cf. GDI 3599

874 Ἐλπίς
Annuario, 1944-5, no.166
Calymna
s.IIp.

875 Ἐλπίς
Annuario, 1944-5, no.187
Calymna
s.IIp.

876 Ἐλπίς
IG V.2.277
Mantinea
med. s.IIp.

877 Ἐλπίς
AE 1917 no.305 p.12
Cyretiae
s.Ia.

878 Ἐλπίς
AE 1905 no.9 p.194
Thessaly
s.Ia.

879 Ἐλπίς
AE 1924 no.407 p.174
Pythium
s.Ia.

880 Ἐ[λ]πίς
AE 1917 no.320 p.36
Cyretiae
s.Ip.

881 Ἔλυθρος
IG V.2.429
Phigalea
s.Va.

882 Ἐμ[πεδώ]
AE 1905 p.197 no.11
Larisa
s.I/IIp.?

883 Ἐνπεδίων
Ditt.-Purg. p.31, no.12
Olympia
s.Va.?

884 Ἐνώμη
GDI 2175
Delphi
142/1 or 141/0a.
γένος Σύρα

885 Ἐπάγαθ[ος]
AE 1917 no.306 p.12
Cyretiae
fin. s.Ia.

886 Ἐπάγαθος
IG IX.2.415a,43
Pherae
med. s.Ia.

887 Ἐπάγαθος
IG IX.2.540,11
Larisa
med. s.Ia.

888 Ἐπαίνετος
SEG 12 245
Delphi
s.Ia.
οἰκογενής

889 Ἐπάκτη
FD III 6,124
Delphi
med. s.Ip.

890 Ἐ[π]ακτος
AE 1917 no.305 p.12
Cyretiae
s.Ia.

891 Ἐ[π]άλκης
JOAI Beibl. 14, p.146, l.17
Argive Heraeum
fin. s.IIa.

892 Ἔπανδρος
Ditt.-Purg. p.31, no.12
Olympia
s.Va.?

893 Ἐπανδ[ρ]ος
IG V.2.342a
Mantinea
s.I/IIp.

894 Ἐπαύξησις
Annuario 1944-5, no.192a
Calymna
s.IIp.

895 Ἐπα[φρᾶ]ς
IG IX.2.15
Hypata
c.40p.

896 Ἐπαφρᾶς
AE 1917 no.305 p.12
Cyretiae
s.Ia.

897 Ἐπαφρόδειτος
IG IX.2.289a
Gomphi
med. s.IIp.

898 Ἐπαφρόδειτος
   Annuario 1944-5 no.197
   Calymna
   s.IIp.

899 Ἐπαφρόδειτος
   Annuario 1944-5 no.202
   Calymna
   s.IIp.

900 Ἐπαφρόδειτος
   Annuario 1944-5 no.176c
   Calymna
   s.IIp.

901 Ἐπαφρόδ[ειτος]
   AE 1905 no.9 p.194
   Thessaly

902 Ἐπαφρόδειτος
   BCH 35 p.234 l.5
   Atrax
   s.Ia./p.

903 Ἐπαφρόδειτος
   IG IX.2.562,10
   Larisa
   s.I/IIp.

904 Ἐπαφρόδιτον
   FD III 3,303 and 304
   Delphi
   init. s.Ip.
   freed under a paramone restriction
   apolysis from paramone
   οἰκογενής

905 Ἐπαφρόδιτ[ος]
   IG IX.2.29
   Hypata
   s.Ia./p.

906 Ἐπαφρό[διτος]
   IG IX.2.14d
   Hypata
   s.Ia./p.

907 Ἐ[π]αφ[ρ]όδ[ιτ]ος
   IG IX.2.133
   Pyrasos
   181/0a.

908 Ἐπαφρώ
   FD III 6,38
   Delphi
   init. s.Ip.
   freed under a paramone restriction

909 Ἐπαφρώ
   IG IX.2.21
   Hypata
   c.130p.

910 [Ἐπ]έραστος
   IG IX.2.1121,3
   Demetrias
   s.I/IIp.

911 Ἐπ[ιγέ]νηα
   IG IX.2.13,15
   Hypata
   47/8p.

912 Ἐπιγένης
   IG IX.2.111
   Halos
   s.I/IIp.

913 [Ἐ]πιγόνη
   IG IX.2.279,7
   Metropolis
   s.Ia./p.

914 Ἐπιγόνη
   IG IX.2.543a,8
   Larisa
   s.Ia./p.

915 Ἐπιγόνη
   IG IX.2.14e
   Hypata

916 [Ἐ]πιγόνη
   IG IX.2.19
   Hypata
   s.Ip.

917 Ἐπ[ίγο]νος
   IG IX.2.24
   Hypata
   s.IIp.

918 Ἐπίγονος
   AE 1917 no.305 p.12
   Cyretiae
   s.Ia.

919 Ἐπίγονος
   IG II²1557, 59-62
   Athens
   c.330a.
   ἔμπορ ἐ[μ] Π[ε] οἰκ[ῶ]

920 Ἐπιδώρα
   ASAL, 60,II,no.18, p.91
   Epidaurus
   s.IIIa.
   cf. IG IV² 371

921 Ἐ[πι]κα[ρω]ία
    AE 1917 p.3, no.303
    Cyretiae
    s.Ip.

922 Ἐπικέρδης
    IG II² 1557,43-46
    Athens
    fin. s.IVa.
    Ὄησι οἰκῶν, ἀμπελουργός

923 Ἐπικράτης
    IG IX.1².419,2
    Oeniadae
    s.IIIa.

924 [Ἐ]πικ[ρ]άτης
    IG II² 1576,45-48
    Athens
    fin. s.IVa.
    ἐν Σκύροι οἰκῶν

925 Ἐπικράτης
    GDI 1707
    Delphi
    153/2-144/3a.

926 [Ἐ]πικτᾶς
    IG IX.2.546,19
    Larisa
    131/2p.

927 Ἐπικ[τᾶ]ς
    IG IX.2.555,24
    Larisa
    s.Ia./p.

928 Ἐπί[κτ]ησ[ι]ς
    IG IX.1.66
    Daulis
    med. s.IIa.
    see GDI 1523 and
    BCH 59 p.202
    freed under a paramone
    restriction

929 Ἐπίκτησις
    BCH 59 p.202 no.1
    Daulis
    init. s.IIa.
    freed under a paramone
    restriction

930 Ἐπίκτησις
    AE 1904 p.119 B
    Amphissa
    s.Ip.

931 Ἐπίκτησις
    FD III 4,71      freed under
    Delphi           a paramone
    init. s.Ia.      restriction

932 Ἐπίκτησις
    FD III 6,13      freed under
    Delphi           a paramone
    init. s.Ip.      restriction

933 Ἐπίκτησις
    IG IX.2.1232,29
    Phalanna
    s.I/IIp.

934 Ἐπίκτησις
    GDI 2287
    Delphi
    139/8-122/1a.
    ἐνδογενής

935 Ἐπίκτησις
    FD III 3,303 and 304
    Delphi
    init. s.Ip.
    paramone and apolysis
    οἰκογενής

936 Ἐπίκτησις
    FD III 6,88
    Delphi
    124-116a.

937 Ἐπίκτησις
    FD III 6,57
    Delphi
    init. s.Ip.
    freed under a paramone
    restriction

938 Ἐπίκτησις
    GDI 2212
    Delphi
    84/3-60/59a.
    τὸ γένος Βωτάν

939 Ἐπίκτησις
    IG IX.1².756
    Amphissa
    s.Ip.
    freed under a paramone
    restriction

940 Ἐπίκτησις
    IG IX.2.26
    Hypata

941 Ἐπίκτησις
    AE 1917 no.338 p.123
    Cyretiae

942 Ἐπί[κ]τησω[ν]
    GDI 1523         freed under
    Daulis           a paramone
                     restriction
    see IG IX.1.66;
    BCH 59 p.202

943 Ἐπίκτητος
　　IG IX.2.554,5
　　Larisa
　　s.Ia./p.

944 Ἐπίκτητος
　　IG IX.2.325b
　　Aeginium
　　med. s.IIp.

945 Ἐπικ[τ]ῶ
　　IG IX.2.1078
　　Campus Dotius
　　s.Ia./p.

946 [Ἐ]πιμέλη[α]
　　IG IX.2.14a
　　Hypata

947 Ἐπιμελής
　　GDI 2036　　freed under
　　Delphi　　　a paramone
　　182/1a.　　 restriction
　　τὸ γένος Θραῖσσαν

948 Ἐπίνικος
　　SEG 2 302　　freed under
　　Delphi　　　a paramone
　　s.Ia.　　　　restriction

949 Ἐπίνικος
　　IG IX.2.415a,2
　　Pherae
　　med. s.Ia.

950 Ἐπίνικος
　　FD III 3,289
　　Delphi　　　freed under
　　med. s.Ia.　 a paramone
　　οἰκογενής　　restriction

951 Ἐπιξένα
　　GDI 2244
　　Delphi
　　180/79 or 179/8a.

952 Ἐπιστροφά
　　GDI 1896
　　Delphi
　　154/3a.

953 Ἐπίτευξις
　　IG IX.2.21
　　Hypata
　　c.130p.

954 Ἐπιτυγχάνων
　　BCH 35 p.233 l.18
　　Atrax
　　s.Ia./p.

955 Ἐπιτυχίς
　　BCH 35 p.233 l.1
　　Atrax
　　s.Ia./p.

956 Ἐπιφάνεα
　　FD III 6,38
　　Delphi
　　init. s.Ip.
　　freed under a paramone
　　restriction

957 Ἐπιφανία
　　Deltion 11 no.5 p.58-9
　　Larisa

958 Ἐρατώ
　　GDI 2224
　　Delphi
　　142/1 or 141/0a.
　　οἰκογενής

959 Ἐργασίων
　　IG IX.1².676a
　　Physcus
　　brevi post. 166/5a.

960 Ἐργασίων
　　GDI 2011
　　Delphi
　　196/5a.

961 Ἐργασίων
　　IG II² 1567,17-18
　　Athens
　　fin. s.IVa.
　　E. ἐμ Πει οἰκ

962 Ἑρμαέα
　　Deltion 2 p.223, line 47
　　Coronea

963 Ἑρμαί[α]
　　IG VII 3406
　　Chaeronea
　　s.IIa.

964 Ἑρμαία
　　IG VII 3081
　　Lebadea

965 Ἑρμαία
　　IG VII 3321
　　Chaeronea
　　s.IIa.

966 Ἑρμαία
　　IG VII 3343
　　Chaeronea
　　s.IIa.

967 ʽΕρμαῖος
    IG VII 3364    freed under
    Chaeronea    a paramone
    s.IIa.    restriction

968 ʽΕρμαῖος
    FD III 3,301
    Delphi
    init. s.Ip.
    οἰκογενής

969 ʽΕρμαῖος
    GDI 2191
    Delphi
    137/6a.

970 ʽΕρμαῖος
    IG VII 3316
    Chaeronea
    s.IIa.

971 ʽΕρμαῖος
    IG II$^2$ 1569,9-12
    Athens
    fin. s.IVa.
    ἐμ Πειραεῖ οἰκῶν

972 ʽΕρμαῖος
    FD III 1,565
    Delphi
    153/2-144/3a.
    τὸ γένος Βειθυνόν

973 ʽΕρμάφιλος
    ASAL, 60,II,no.24, p.92
    Epidaurus
    fin. s.IIIa.
    see IG IV$^2$ 377

974 ʽΕρμῆς
    IG IX.2.25b
    Hypata
    s.Ia./p.

975 ʽΕρμίας
    JOAI Beibl. 14, p.146,
    l.24
    Argive Heraeum
    fin. s.IIa.

976 ʽΕρμιόνη
    IG IX.2.1042I.18
    Gonnus
    c.10a.?
    see also Gonnoi, p.139,
    no.117

977 ʽΕρμιόνη ἡ λεγομένη Γραῦς
    Annuario, 1944-5, no.164
    Calymna
    s.IIp.

978 ʽΕ[ρμιπ]πος
    IG IX.2.15,9
    Hypata
    c.40p.

979 ʽΕρμίων
    AE 1932 Chronika, p.24, l.2
    Larisa
    s.Ia./p.

980 ʽΕρμογένης
    AE 1932 Chronika, p.24,
    l.29
    Larisa
    s.Ia./p.

981 ʽΕρμογένης
    IG IX.2.15
    Hypata
    c.40p.

982 ʽΕρμογένης
    IG IV 530
    Argive Heraeum
    s.III/IIa.?

983 ʽΕρμογένης
    GDI 1873
    Delphi
    177/6a.

984 ῾Ερμων
    Hesperia 37 p.370 line 30
    Athens
    c. 330a.
    ἐμ Πειραεῖ οἰκοῦντα
    μυροπώλην

985 ῾Ερμ[ω]ν
    IG VII 3323
    Chaeronea
    s.IIa.
    freed under a paramone
    restriction

986 ῾Ερως
    AE 1913 p.156,50
    Doliche?
    s.IIp.
    cf. AE 1923 p.155,27 and
    IG IX.2.1268,50

987 ῾Ερως
    IG IX.2.548,8
    Larisa
    c.131/2p.

988 ῾Ερως
    BCH 35 p.232 l.10
    Atrax
    s.Ia./p.

989 Ἔρως
  IG IX.2.1117,12
  Demetrias
  s.IIp.

990 [Ἐρ]ώτιον
  AE 1905 p.196 no.11
  Larisa
  s.I/IIp.?

991 [Ἐ]ρώτιον
  AE 1917 no.319 p.35
  Cyretiae
  s.Ip.

992 Ἐρωτίς
  AE 1917 no.305 p.12
  Cyretiae
  s.Ia.

993 Ἐρωτίς
  GDI 2249
  Delphi
  fin. s.Ia.
  οἰκογενής

994 Ἐρωτίς
  FD III 3,427 freed under
  Delphi   a paramone
  fin. s.Ia.  restriction
  οἰκογενής

995 Ἐρωτίς
  FD III 2,162
  Delphi
  c. 130a.
  ἐνδογενής

996 Ἑστιαῖος
  IG II²1557, 80-84
  Athens
  c.330a.
  σκυτοτό ἐν [Σ]καμβω οἰκ

997 Ἐτάσι[ο]ν
  GDI 2146
  Delphi
  150-100a.
  οἰκογενής

998 Ἑτοίμαχος
  GDI 1352
  Dodona
  init. s.IIa.?
  but see JHS 1881 p.116

999 Εὐαγόρα
  IG IX.2.554,19
  Larisa
  s.Ia./p.

1000 Εὐημερία
  IG IX.2.76
  Lamia
  c.140a.

1001 Εὐαμερίς
  IG VII 3327
  Chaeronea
  s.IIa.

1002 Εὐαμερίς
  SEG 12 253
  Delphi
  fin. s.Ia.

1003 Εὐαμερίς
  FD III 3,331
  Delphi
  med. s.Ia.

1004 Εὐαμερίς
  FD III 3,315
  Delphi
  fin. s.Ia.

1005 Εὐαμερίς
  FD III 3,347
  Delphi
  init. s.Ia.
  freed under a paramone
  restriction
  το γένος Βοιωτᾶν

1006 Εὐαμερίς
  FD III 3,280 and 281
  Delphi
  fin. s.Ia.
  freed under a paramone
  restriction
  apolysis from paramone

1007 Εὐαμέρις
  FD III 1,302
  Delphi
  init. s.Ip.
  οἰκογενής

1008 Εὐάμερος
  Deltion 2 p.224, line 5
  Coronea

1009 Εὐάμερος
  FD III 3,262
  Delphi
  fin. s.Ia.

1010 Εὐάμερος
  FD III 6,68
  Delphi
  fin. s.IIa.
  freed under a paramone
  restriction

1011 Εὐάμερος
    GDI 2231
    Delphi
    178/7a.

1012 Εὐάμερος
    FD III 3,34
    Delphi
    med. s.IIa.
    cf. BCH 66-7, p.72, no.3
    οἰκογενής

1013 Εὐάνδρα
    GDI 2060    freed under
    Delphi    a paramone
    183/2a.    restriction

1014 Εὔβιος
    GDI 2293
    Delphi
    c.130a.
    τὸ γένος Σύρον

1015 Εὐβιότα
    FD III 3,18
    Delphi
    med. s.IIa.
    οἰκογενής

1016 Εὐβιότα
    FD III 1,566    freed under
    Delphi    a paramone
    fin. s.IIa.    restriction
    οἰκογενής

1017 Εὐβιότα
    FD III 2,173
    Delphi
    fin. s.IIa.
    οἰκογενής

1018 Εὐβιότα
    IG IX.2.109b,54
    Halos
    med. s.Ia.

1019 Εὐβίοτος
    IG IX.2.568,21.
    Larisa
    s.II/Ia.

1020 [Ε]ὐβου(λα)
    AE 1924 no.407 p.174
    Pythium
    s.Ia.

1021 [Ε]ὐβούλη
    IG II² 1567,13-14
    Athens
    fin. s.IVa.
    ἐμ Πει οικο

1022 Εὐβουλίδας
    IG IX.1².638,6
    Naupactus
    c. 141/0a.
    τὸ γένος Σύρον

1023 Εὔβου[λος]
    IG IX.1².643,8
    Naupactus?
    c. med. s.IIa.
    οἰκογενής

1024 Εὐγένεα
    IG IX.2.554,4
    Larisa
    s.Ia./p.

1025 [Εὐγ?]ένεα
    IG IX.2.555,2
    Larisa
    s.Ia./p.

1026 Εὐγένεια
    FD III 3,42
    Delphi
    med. s.Ia.

1027 Εὔδημος
    Hesperia 37 p.371 line 60
    Athens
    c.330a.
    Ἀλωπε[κῆσι οἰ]κ εμπορον

1028 Εὔδικος
    IG XII.3.337,9
    Thera
    s.IIa.

1029 Εὔδοξος
    IG XII.3.1302,58
    Thera
    s.IIa.

1030 [Εὔ]δοτος
    GDI 1937
    Delphi
    153/2-144/3a.
    ἐνδογενής

1031 Ε[ὐελ]θίς
    IG IX.2.302b
    Tricca
    med. s.IIp.

1032 Εὐέλπιστος
    IG IX.2.19,9
    Hypata
    s.Ip.

1033 Εὐηθία
    IG IX.2.207l
    Melitea
    s.Ip.?

1034 Εὐημερία
    FD III 2,169
    Delphi
    139/8-122/1a.
    freed under a paramone
    restriction
    οἰκογενής

1035 Εὐήμερος
    Annuario, 1944-5, no.200
    Calymna
    s.IIp.

1036 Εὐήμερος
    IG IX.2.568,7
    Larisa
    s.II/Ia.

1037 Εὐήμερος
    IG IX.2.474,25
    Atrax
    med. s.Ia.

1038 Εὐθυμένης
    GDI 1853
    Delphi
    173/2a.
    τὸ γένος Λάκωνα

1039 Εὐθυμί[α?]
    IG IX.2.21,19
    Hypata
    c.130p.

1040 Εὐθυμίδας
    IG IX.2.16
    Hypata
    c.130p.

1041 Εὐθυμίδης
    BCH 79 p.418, l.5
    Scotussa
    init. s.IIa.
    and see SEG 15 370

1042 Εὔθυμος
    IG XII.3.1302,54
    Thera
    s.IIa.

1043 Εὐθυνίς
    IG IX.1²419,5
    Oeniadae
    s.IIIa.

1044 Εὔιος
    GDI 2263
    Delphi
    153/2-144/3a.
    τὸ γένος Θρᾶικα

1045 Εὐκαρπία
    IG XII.3.1302,41
    Thera
    s.IIa.

1046 Εὔκαρ[πος]
    IG IX.2.20c
    Hypata
    med. s.IIp.?

1047 Εὔκαρπος
    Deltion 2 p.262, no.2
    Thisbe
    s.IIp.    freed under
               a paramone
               restriction

1048 Εὔκλεα
    GDI 2021
    Delphi
    153/2-144/3a.

1049 Εὔκλεια
    GDI 2123
    Delphi
    194/3a.
    γένος ἐγ Δελφῶν

1050 Εὔκλεια
    GDI 2095
    Delphi
    153/2-144/3a.
    τὸ γένος Σύραν

1051 Εὔκλεια (Εὔκληα)
    FD III 3,53
    Delphi
    med. s.IIa.
    οἰκογενής

1052 Εὐκλείδας
    GDI 2157    freed under
    Delphi      a paramone
    40a. -18p.  restriction

1053 Εὐκλείδας
    GDI 2156    freed under
    Delphi      a paramone
    40a. -18p.  restriction

1054 Εὐκλείδης
    BCH 79 p.447, l.24
    Scotussa
    c.136a.
    and see SEG 15 370

1055 Εὔκληα
    IG IX.2.13,20
    Hypata
    47/8p.

1056 Εὐκλῆς
    IG II² 1558,63-65
    Athens
    fin. s.IVa.
    ἐγ Κολ οικ [γ]εωρ

1057 Εὐκλίδα
    IG VII 3365
    Chaeronea
    s.IIa.

1058 [Ε]ὐκόλη
    IG II² 1557,102
    Athens
    fin. s.IVa.
    ταλασ[ιουρ]

1059 Εὐκολίνα
    IG IX.2.73,3
    Lamia
    s.Ia./p.

1060 Εὐκολίνα
    GDI 1711
    Delphi
    155/4a.
    τὸ γένος Θραῖσσαν

1061 [Ε]ὐκράτης
    IG II² 1576,49-52
    Athens
    fin. s.IVa.
    ἐγ Κεραμέω [οι]κῶν

1062 Εὐκρατία
    Deltion 2 p.264
    Hyampolis
    s.Ia.
    freed under a paramone
    restriction
    apolysis from paramone

1063 Εὐστειμονεία
    IG IX.2.414a,8
    Pherae
    s.I/IIp.

1064 Εὐστήμων
    BCH 95 p.277, l.13
    Larisa
    140-130a.

1065 Εὐλογία
    FD III 3,353
    Delphi
    init. s.Ia.

1066 Εὐλογία
    FD III 3,315
    Delphi
    fin. s.Ia.

1067 Εὔλογος
    IG XII.3.1302,4
    Thera
    s.IIa.

1068 [Ε]ὔμαχος
    IG IX.2.16,3
    Hypata
    c.130p.

1069 Εὐμένης
    IG IX.2.546,14
    Larisa
    131/2p.

1070 Εὐ[νίκα?]
    IG VII 3360
    Chaeronea
    s.IIa.

1071 Εὐνίκα
    FD III 2,235
    Delphi
    137/6a.?
    τὸ γένος ⊁[ω]κίδα

1072 Εὔνοια
    FD III 6,66
    Delphi
    113-100a.
    ἐνδογενής

1073 Εὐνομία
    IG XII.3.1302,44
    Thera
    s.IIa.

1074 Εὔνομο[ς]
    IG IX.2.277
    Metropolis
    s.Ia./p.

1075 Εὔνους
    IG IV² 353
    Epidaurus
    s.IIa.

1076 Εὔνους
    GDI 1926
    Delphi
    153/2-144/3a.
    τὸ γένος Θραῖκα

1077 Εὔνους
    FD III 3,209
    Delphi
    161/0a.?
    τὸ γένος Γαλάταν

1078 Εὔνους
   GDI 1811        freed under
   Delphi          a paramone
   171/0a.         restriction

1079 Εὐοδία
   Annuario, 1944-5, no.169
   Calymna
   s.IIp.

1080 Εὔοδος
   Annuario, 1944-5, no.167
   Calymna
   s.IIp.

1081 Εὐπάτρα
   IG IX.2.1282,32
   Pythium
   s.Ia./p.

1082 Εὐπείθη
   IG II²1559, 63-66
   Athens
   c.330a.
   Ε. παιδί τίτθ ἐν Σκ
      οἴκοῦ

1083 Εὐπλέα
   Annuario, 1944-5, no.169
   Calymna
   s.IIp.

1084 [ 'Ευ ]πορία
   IG XII.3.1302,47
   Thera
   s.IIa.

1085 Εὐπορία
   IG XII.3.336,12
   Thera
   s.IIIa.

1086 Εὐπορία
   FD III 6,87       freed under
   Delphi            a paramone
   124-116a.         restriction

1087 Εὐπορία
   FD III 3,430
   Delphi
   49/8a.

1088 Εὐπορία
   IG IX.2.568,18
   Larisa
   s.II/Ia.

1089 Εὐπορία
   BCH 95 p.278, l.38
   Larisa
   140-130a.

1090 Εὐπορί[α]
   AE 1916 no.282 p.75
   Oloosson
   s.Ip.

1091 Εὐπορία
   FD III 3,135
   Delphi
   121-108a.
   ἐνδογενής

1092 Εὐπορία
   FD III 3,137
   Delphi
   c. 125a.?
   ἐνδογενής

1093 Εὐπορία
   FD III 3,30
   Delphi
   157/6a.
   τὸ γένος Σύραν

1094 [ Εὐ ]πορία
   FD III 2,221
   Delphi
   137/6a.

1095 Εὐπορία
   GDI 2071
   Delphi
   178/7a.

1096 Εὐπορία
   GDI 1759
   Delphi
   172/1a.

1097 [ Εὐ ]πορία
   IG IX.2.414a,12
   Pherae
   s.Ia./p.

1098 [ Ε ]ὐπορία
   IG IX.2.109b,72
   Halos
   med. s.Ia.

1099 [ Ε ]ὐπορία
   IG IX.2.539,25
   Larisa
   s.Ia.

1100 Εὐπορία
   BCH 79 p.446, l.29
   Scotussa
   c.161/0a.
   and see SEG 15 370

1101 Εὐπο[ρία?] [ρις?]
   IG IX.2.415a,3
   Pherae
   med. s.Ia.

1102 Εὔπο[ρις?] [ρία?]
    IG IX.2.415a,3
    Pherae
    med. s.Ia.

1103 Εὔπορος
    IG IX.2.546,11
    Larisa
    131/2p.

1104 Εὔπορος
    IG IX.2.1344,14
    Larisa
    s.Ia./p.

1105 Εὔπορος
    FD III 6,117
    Delphi           freed under
    121-108a.        a paramone
    ἐνδογενής        restriction

1106 Εὔπορος
    AE 1917 no.338b p.123
    Cyretiae
    s.IIp.

1107 Εὔπορος
    IG XII.3.1302,13
    Thera
    s.IIa.

1108 Εὔπραξις
    RevPhil 10(1936) no.XLIV
    p.152
    Larisa
    s.IIa.?

1109 Εὔπραξις
    IG IX.1².681
    Physcus
    med. s.IIa.
    freed under a paramone
    restriction

1110 Εὔπραξις
    IG IX.2.18
    Hypata

1111 Εὔπρα[ξις]
    IG IX.2.13,9
    Hypata
    47/8p.

1112 Εὔπραξις
    AE 1913 p.171
    Oloosson
    s.Ip.
    cf. IG IX.2.1295;
        JHS 1913 p.321

1113 Εὔπραξις
    GDI 1961
    Delphi
    184/3a.

1114 [Ε]ὔπραξις
    IG IX.2.1232,1
    Phalanna
    s.I/IIp.

1115 Εὔπρα[ξ]ις
    AE 1917 no.305 p.12
    Cyretiae
    s.Ia.

1116 Εὔπραξις
    IG IX.1.42
    Stiris
    init. s.IIa.
    freed under a paramone
    restriction

1117 Εὔπραξις
    IG IX.2.550,15
    Larisa
    s.Ia./p.

1118 Εὔρ[ε]α
    IG VII 1780,6
    Thespiae
    s.IIIa.
    freed under a paramone
    restriction

1119 Εὔρετος
    IG IX.2.21,13
    Hypata
    c.130p.

1120 Εὐρυδίκα
    GDI 1931
    Delphi
    fin. s.IIa.
    ἐνδογενής

1121 Εὐρυδίκη
    AE 1917 no.338b p.123
    Cyretiae
    s.IIp.

1122 Εὐρυν[ό]α
    IG IX.1².419,7
    Oeniadae
    s.IIIa.

1123 Εὔρων
    BCH 79 p.447 l.37
    Scotussa
    c.135a.
    and see SEG 15 370

1124 Εὐρώπα
    IG VII 3302
    Chaeronea
    s.IIa.

1125 Εὐρώπα
    IG VII 3356
    Chaeronea
    s.IIa.

1126 Εὐρώπα
    IG VII 3302
    Chaeronea
    s.IIa.

1127 Εὐρώπα
    GDI 1698
    Delphi
    139/8-122/1a.
    οἰκογενής

1128 Εὐρώπα
    GDI 1752    freed under
    Delphi    a paramone
    168/7a.    restriction

1129 Εὐσέβης
    IG IX.2.324c
    Aeginium
    s.I/IIp.

1130 Εὔτακτος
    IG XII.3.1302,64
    Thera
    s.IIa.

1131 Εὔταχτος
    IG IX.2.1042,49
    Gonnus
    aetate Flaviorum
    see also Gonnoi, p.164,
    no.139

1132 Εὐταξία
    GDI 2163
    Delphi
    153/2-144/3a.
    freed under a paramone
    restriction
    τὸ γένος Μαιῶτιν

1133 Εὐταξία
    FD III 2,171
    Delphi
    139/8-122/1a.

1134 Εὐτουχίς
    BCH 19 161
    Orchomenos
    med. s.IIIa.

1135 Εὐτύχα
    AE 1913 p.171b,50
    Oloosson
    s.Ia./p.

1136 Εὐτύχα
    IG IX.2.1296,12
    Oloosson
    15/14a.

1137 Εὐτύχα
    AE 1913 p.175
    Oloosson
    s.Ip.
    cf. IG IX.2.1298 and
    AE 1916 p.86

1138 Εὐτύχα
    AE 1916 no.284 p.79
    Oloosson
    fin. s.Ia.

1139 Εὐτ[υ]χᾶς
    IG IX.2.554,8
    Larisa
    s.Ia./p.

1140 [Εὐ]τύχης
    IG IX.2.324c
    Aeginium
    s.I/IIp.

1141 Εὐτύχης
    IG IX.2.1268,22
    Doliche?
    med. s.IIp.

1142 Εὐτύχη[s]
    IG IX.2.1268,9
    Doliche?
    med. s.IIp.

1143 Εὐτύχ[ης]
    AE 1932 Chronika,
    p.25, l.13
    Larisa
    s.Ia./p.

1144 Εὐτύ[x]ης
    IG IX.2.16
    Hypata
    c.130p.

1145 [Ε]ὐτυ[x]ία
    AE 1917 no.320 p.36
    Cyretiae
    s.Ip.

1146 Εὐτ[υχία]
AE 1917 no.317 p.32
Cyretiae
c. 100p.

1147 Εὐτυχία
IG IX.2.554,9
Larisa
s.Ia./p.

1148 Εὐτυχίδας
IG IX.2.109b,21
Halos
med. s.Ia.

1149 Εὐτυχίδας
IG IX.1².624c,5
Naupactus
c. med. s.IIa.
τὸ γένος Γαλάταν

1150 Εὐτυχίδας
IG IX.2.77
Lamia
s.Ia./p.

1151 Εὐτυχίδας
FD III 6,73
Delphi
fin. s.IIa.
οἰκογενής

1152 Εὐτυχίδας
GDI 1706
Delphi
153/2-144/3a.
ἐνδογενής

1153 [Ε]ὐτυχίδης
IG II²1566, 15-16
Athens
c.330a.
E. δσκ

1154 Εὐτυχίδης
SEG 23 462
Doliche
s.Ia./p.

1155 [Εὐτυχ]ίδης
AE 1923 no.376 p.142
Doliche?
s.IIp.

1156 Ε[ὐτυχίδης]
AE 1923 p.151, no.383
Doliche
s.Ia./p.

1157 Εὐτυχίς
BCH 79 p.444, l.10
Scotussa
init. s.IIa.
and see SEG 15 370

1158 Εὐτυχίς
Gonnoi p.155, no.129
Gonnus
54-68p.

1159 Εὐτυχίς
IG IX.2.568,35
Larisa
s.II/Ia.

1160 Εὐτυχίς
IG II² 1567,7-8
Athens
fin. s.IVa.
ταλα[σιουργ]

1161 Εὐτυχίς
IG II² 1553,16-18
Athens
fin. s.IVa.
κπηλίς

1162 Εὐτυχίς
IG IX.2.16
Hypata
c.130p.

1163 Εὐτυχίς
IG XII.3.1302,69
Thera
s.IIa.

1164 Εὐτυχίς
IG XII.3.1302,42
Thera
s.IIa.

1165 Εὐτ[υ]χίς
AE 1905 no.9 p.194
Thessaly

1166 Εὐτυχίς
IG IX.1².709,4
Phaestinus
166/5a.

1167 Εὐτυχίς
FD III 2,122
Delphi
139/8-122/1a.
ἐνδογενής ἐξ Ἀμφίσσας

1168 Εὐτυχίs
    FD III 6,51
    Delphi
    med. s.Ia.
    freed under a paramone
    restriction

1169 Εὐτυχίs
    GDI 1824
    Delphi
    162/1a. ?
    τὸ γένοs Θραῖσσαν

1170 Εὐτυχίs
    IG IX.2.474,15
    Atrax
    med. s.Ia.

1171 Εὐτυχίs
    IG IX.2.474,9
    Atrax
    med. s.Ia.

1172 Εὐτυχίs
    IG IX.2.562,19
    Larisa
    s.I/IIp.?

1173 Εὐτυχίs
    BCH 35 p.232 l.3
    Atrax
    s.Ia./p.

1174 Εὐτυχίs
    BCH 79 p.446, l.5
    Scotussa
    c.136a.
    and see SEG 15 370

1175 Εὔτυχοs
    IG IX.2.276a,6
    Metropolis
    s.I/IIp.

1176 Εὔτυχοs
    IG IX.2.277,5
    Metropolis
    s.Ia./p.

1177 [Ε]ὔτυχο[s]
    IG IX.2.277,10
    Metropolis
    s.Ia./p.

1178 Εὔτυχοs
    IG IX.2.550,8
    Larisa
    s.Ia./p.

1179 Εὔτυχοs
    GDI 1809
    Delphi
    169/8a.
    τὸ γένοs Γαλάταν

1180 Εὔτυχοs
    GDI 1760
    Delphi
    154/3a.

1181 Εὔτυχοs
    IG XII.3.337,4
    Thera
    s.IIa.

1182 Εὔτυχοs
    IG IX.2.16,1
    Hypata
    c.130p.

1183 Εὔτυχοs
    IG IX.2.21,15
    Hypata
    c.130p.

1184 Εὔτυχοs
    IG IX.2.16,7
    Hypata
    c.130p.

1185 Εὔτυχοs
    IG IX.2.277,5
    Metropolis
    s.Ia./p.

1186 Εὔτυχοs
    AE 1930 no.1 p.176
    Larisa
    fin. s.Ia./init. s.I

1187 Εὔτυχοs
    AE 1917 no.305 p.12
    Cyretiae
    s.Ia.

1188 Εὔτυχοs
    IG II² 1576, 40-44
    Athens
    c.330a.
    Ευ. Ἀλωπεκῆσιν οἰκῶν
    κάπηλοs

1189 Εὔτυχοs
    GDI 2282
    Delphi
    84/3-60/59a.
    οἰκογενήs

1190 Εὔτυχος
    GDI 1893
    Delphi
    154/3a.
    τὸ γένος Σύρον

1191 Εὔτυχος
    GDI 1971
    Delphi
    153/2-144/3a.
    freed under a paramone
    restriction
    τὸ γένος Γαλάταν

1192 Εὐφαμίς
    AE 1917 no.314 p.27
    Cyretiae
    s.Ia.

1193 Εὐφάντα[s]
    IG IX.2.329
    Cyretiae
    s.Ia/Ip.

1194 Εὐφημία
    AE 1917 no.345 p.136
    Cyretiae
    s.Ip.

1195 Εὔφημο[s]
    IG IX.2.15
    Hypata
    c.40p.

1196 Εὐφράντα
    IG IX.2.109a,28
    Halos
    med. s.Ia.

1197 Εὐ[φρά]ντα
    AE 1917 no.341b, p.127
    Cyretiae
    s.Ip.

1198 Εὐφράντα
    IG IX.2.10421,18
    Gonnus
    c.10a.?
    and see Gonnoi, p.139,
    no.117

1199 Εὐφράντα
    IG IX.2.10421,14
    Gonnus
    c.10a.?
    and see Gonnoi, p.139,
    no.117

1200 Εὐφράντα
    IG IX.2.1295,8
    Oloosson
    s.Ia./p.

1201 [Ε]ὐ[φρ]άν[τ]α
    AE 1924 p.185, no.416
    Pythium

1202 Εὐφράντα
    AE 1917 no.334 p.120
    Cyretiae

1203 Εὐφράντα
    AE 1917 no.326 p.114
    Cyretiae

1204 Εὐφράντα
    BCH 79 p.447, l.53
    Scotussa
    c.134a.
    and see SEG 15 370

1205 [Ε] ὐ[φ]ά[ν]τα
    AE 1913 p.168
    Pythium
    fin. s.Ia.
    cf. AE 1924 p.177;
    IG IX.2.1299

1206 [Ε]ὐφραντίνης
    IG IX.2.256b,4
    Pharsalus
    s.Ip.

1207 Εὐφράνωρ
    IG IX.2.16,3
    Hypata
    c.130p.

1208 Εὐφρονία
    IG IX.2.543b,17
    Larisa
    s.Ia./p.

1209 Εὐφρόσονα
    IG VII 3304
    Chaeronea
    s.IIa.

1210 Εὐ[φ]ρόσυννα
    IG IX.2.109a,56
    Halos
    med. s.Ia.

1211 Εὐφροσύννα
    GDI 2180
    Delphi
    53/2-39/8a.
    οἰκογενής

1212 Εὐφροσύνα
    IG IX.2.553,10
    Larisa
    s.Ia.

1213 Εὐφρόσυνα
   IG IX.1.193
   Tithora
   init. s.IIa.
   freed under a paramone
   restriction

1214 Εὐφροσύνη
   IG IX.2.414a,5
   Pherae
   s.Ia./p.

1215 Εὐφροσύνα
   IG IX.2.109b,66
   Halos
   med. s.Ia.

1216 Εὐφροσύνα
   GDI 1846      freed under
   Delphi        a paramone
   166/5a.       restriction

1217 Εὐφροσύνα
   GDI 1826      freed under
   Delphi        a paramone
   161/0a.?      restriction
   τὸ γένος Θραῖσαν

1218 Εὐφροσύνα
   FD III 3,21
   Delphi
   146a.
   τὸ γένος Καππαδόκισσαν

1219 Εὐφροσύνα
   FD III 6,51
   Delphi        freed under
   med. s.Ia.    a paramone
                 restriction

1220 Εὐφροσύνα
   FD III 6,23
   Delphi
   init. s.Ip.
   οἰκογενής

1221 Εὐφροσύνα
   FD III 3,339
   Delphi
   init. s.Ia.
   οἰκογενής

1222 Εὐφροσύνα
   FD III 3,363
   Delphi        freed under
   fin. s.Ia.    a paramone
                 restriction

1223 Εὐφροσύνα
   FD III,3,365
   Delphi
   med. s.Ia.

1224 Εὐφροσύνα
   SEG 12 240    freed under
   Delphi        a paramone
   init. s.Ia.   restriction

1225 Εὐφροσύνα
   BCH 73 p.283, no.32
   Delphi
   init. s.Ia.
   ἐνδογενής

1226 Εὐφροσύνη
   IG IX.2.474,32
   Atrax
   s.Ia.

1227 Εὐφροσύνη
   IG IX.2.1121,3
   Demetrias
   s.I/IIp.

1228 Εὐφροσύνη
   AE 1917 no.303 p.3
   Cyretiae
   s.Ip.

1229 Εὐ[φρ]οσύνη
   AE 1917 no.344 p.130
   Cyretiae
   s.Ia.

1230 [Εὐ]φροσύ[ν]η
   AE 1917 no.309 p.18
   Cyretiae
   s.Ia.

1231 Εὐφροσύνη
   AE 1913 p.171
   Oloosson
   s.Ip.
   cf. IG IX.2.1295;
       JHS 1913 p.321

1232 Εὐφροσύνη
   IG VII 3363   freed under
   Chaeronea     a paramone
   s.IIa.        restriction

1233 Εὐφροσύνη
   IG IX.2.463,8
   Crannon
   med. s.Ia.

1234 Εὐφροσύνη
   IG IX.2.16
   Hypata
   c.130p.

1235 Εὐφροσύνη
   IG XII.3.337,2
   Thera
   s.IIa.

1236 Εὐφροσύνη
  IG XII.3.1302,16
  Thera
  s.IIa.

1237 Εὐφρόσυνον
  IG IX.2.14c
  Hypata

1238 Εὐφρόσυνον
  IG IX.2.13,12
  Hypata
  47/8p.

1239 Εὐφρόσυνος
  IG IX.2.21,19
  Hypata
  c.130p.

1240 Εὐφρόσυνος
  GDI 2113
  Delphi
  153/2-144/3a.

1241 Εὐφρόσυνος
  FD III 3,385
  Delphi
  med. s.Ia.

1242 Εὐφρόσυνος
  FD III 3,406
  Delphi
  fin. s.Ia.

1243 Εὐφρόσυνος
  AE 1917 no.307 p.13
  Cyretiae
  s.IIp.

1244 Εὐφρόσυνος
  FD III,6,16
  Delphi
  init. s.Ip.

1245 Εὐφρόσυνος
  FD III,6,15
  Delphi
  init. s.Ip.

1246 Εὐφρόσυνος
  IG IX.2.206,IIIb,3
  Melitea
  42/3p.

1247 Ε[ὔφ?]ρων
  BCH 49 p.95, no.24
  Delphi
  fin. s.Ia.

1248 Εὐχώ
  GDI 1359
  Dodona
  but see JHS 1881 p.115

1249 Ἐφέσιος
  IG XII.3.1303,3
  Thera
  fin. s.Ia.

1250 Ἔφορος
  IG IX.2.109a,45
  Halos
  med. s.Ia.

1251 Ἔφο[ρος]
  IG IX.2.133
  Pyrasos
  181/0a.

1252 Ζεῦξις
  Deltion 11 no.5 p.59
  Larisa

1253 [Ζ]ηνοδότ[η]
  AE 1905 p.196 no. 10
  Thessaly
  s.Ip.

1254 Ζήνων
  IG IX.2.109a,71
  Halos
  med. s.Ia.

1255 Ζμύ[ρνα]
  IG IX.2.274,7
  Metropolis
  186/5a.

1256 Ζμύρνα
  AE 1932 Chronika, p.24,
  l.14
  Larisa
  s.Ia./p.

1257 Ζυσίμη
  IG IX.2.548,5
  Larisa
  c.131/2p.

1258 Ζώβιος
  SEG 12 248
  Delphi
  fin. s.Ia.
  freed under a paramone
  restriction

1259 [Ζ]ώη
  IG IX.2.1344,8
  Larisa
  s.Ia./p.

1260 Ζώη
  IG IX.2.546,16
  Larisa
  131/2p.

1261 Ζ[ωίδι]ον
　　　AE 1916 no.278 p.29
　　　Elasson
　　　s.Ia./p.

1262 Ζ[ω]ίλα
　　　AE 1924 no.401 p.158
　　　Pythium
　　　s.Ia.

1263 Ζωίλα
　　　BCH 22 p.35, no.27
　　　Delphi
　　　84/3-60/59a.
　　　οἰκογενής

1264 Ζωίλα
　　　BCH 79 p.446, l.6
　　　Scotussa
　　　c.136a.
　　　and see SEG 15 370

1265 Ζωίλα
　　　FD III 2,242
　　　Delphi
　　　139/8-122/1a.
　　　freed under a paramone restriction

1266 Ζωίλα
　　　GDI 1770
　　　Delphi
　　　173/2a.

1267 Ζωίλα
　　　IG IX.2.21,10
　　　Hypata
　　　c.130p.

1268 Ζωίλα
　　　IG VII 3305
　　　Chaeronea
　　　s.IIa.

1269 Ζωίλα
　　　FD III 6,84
　　　Delphi
　　　124-116a.
　　　οἰκογενής

1270 Ζωίλα
　　　IG VII 3364
　　　Chaeronea
　　　s.IIa.
　　　freed under a paramone restriction

1271 Ζωίλα
　　　IG VII 3315
　　　Chaeronea
　　　s.IIa.
　　　freed under a paramone restriction

1272 Ζωίλα
　　　IG VII 3365
　　　Chaeronea
　　　s.IIa.

1273 Ζωίλα
　　　IG VII 3330
　　　Chaeronea
　　　s.IIa.

1274 Ζωίλα
　　　IG VII 3332
　　　Chaeronea
　　　s.IIa.

1275 Ζωίλα
　　　IG VII 3345
　　　Chaeronea
　　　s.IIa.

1276 Ζωίλα
　　　GDI 1996
　　　Delphi
　　　190/89a.
　　　οἰκογενής

1277 Ζωίλα
　　　GDI 1879
　　　Delphi
　　　161/0a.?

1278 Ζωίλα
　　　GDI 2314
　　　Delphi
　　　124-116a.
　　　οἰκογενής

1279 Ζωίλα
　　　GDI 2291
　　　Delphi
　　　c.130a.
　　　ἐνδογενής

1280 Ζωίλος
　　　IG VII 3371
　　　Chaeronea
　　　s.IIa.

1281 Ζωίλος
　　　IG VII 3354
　　　Chaeronea
　　　s.IIa.
　　　freed under a paramone restriction

1282 Ζωίλος
　　　FD III 3,403
　　　Delphi
　　　fin. s.Ia.
　　　freed under a paramone restriction

1283 Ζώιλος
    GDI 2092
    Delphi
    139/8-122/1a.
    freed under a paramone
    restriction
    ἐγγενής

1284 Ζωίλος
    GDI 2235
    Delphi
    177/6a.

1285 Ζωίλος
    FD III 6,20
    Delphi
    fin. s.Ia.
    οἰκογενής

1286 Ζωίλος
    FD III 6,34 freed under
    Delphi     a paramone
    med. s.Ip.   restriction

1287 Ζωίλος
    BCH 79 p.447, l.43
    Scotussa
    c.135a.
    and see SEG 15 370

1288 Ζωίλος
    BCH 79 p.447, l.45
    Scotussa
    c.135a.
    and see SEG 15 370

1289 Ζωίλος
    IG IX.2.224,2
    Angeae
    s.Ia./p.

1290 Ζ[ωί]λος
    AE 1917 no.307 p.13
    Cyretiae
    s.IIp.

1291 Ζωίλος
    BCH 49 p.97, no.25
    Delphi
    med. s.Ia.

1292 Ζώιλος
    IG IX.2.1042,39
    Gonnus
    45/6p.
    see also Connoi, p.150,
    no.126

1293 Ζωίλος
    IG IX.1².419,6
    Oeniadae
    s.IIIa.

1294 Ζωίς
    GDI 2225
    Delphi
    140/39a.
    freed under a paramone
    restriction
    οἰκογενής

1295 Ζωίς
    GDI 2183
    Delphi
    143/2a.
    τὸ γένος Σύραν

1296 Ζωίς
    IG XII.3.1302,64
    Thera
    s.IIa.

1297 Ζωίχα
    BCH 79 p.446, l.14
    Scotussa
    c.136a.
    and see SEG 15 370

1298 [Ζ.]ων[αρίς]
    AE 1924 no.405 p.169
    Pythium
    s.Ia./p.

1299 Ζωπο[ύ]ρα
    BCH 94 p.157, no.5
    Orchomenos
    fin. s.IIIa.

1300 Ζωπουρίνα
    IG VII 3352
    Chaeronea
    s.IIa.

1301 Ζώπουρος
    BCH 19 p.158
    Orchomenos
    s.IIa.

1302 Ζωπύρα
    IG IX.1².621
    Naupactus
    med. s.IIa.
    freed under a paramone
    restriction

1303 Ζωπύρα
    BCH 68-9 p.110 no.20
    Delphi
    158/7a.

1304 Ζωπύρα
    GDI 1983
    Delphi
    194/3a.

1305 Ζωπύρα
GDI 2290
Delphi
84/3-60/59a.
οἰκογενής

1306 Ζωπύρα
GDI 2338
Delphi
fin. s.Ia.

1307 Ζωπύρα
GDI 1865      freed under
Delphi        a paramone
175/4a.       restriction

1308 Ζωπ[ύρα]
FD III 3,294
Delphi
med. s.Ia.
freed under a paramone
restriction
οἰκογενής

1309 Ζωπύρα
BCH 76 p.441, 1.23
Scotussa
c.161/0a.
and see SEG 15 370

1310 Ζω[π]ύρα
IG IX.2.544,14
Larisa
41/2p.

1311 Ζωπύρα
IG IX.1².712
Phaestinus
c. med. s.IIa.
freed under a paramone
restriction

1312 Ζωπύρα
IG IX.2.21
Hypata
c.130p.

1313 Ζωπύρα
GDI 2161
Delphi
c.130a.
οἰκογενής

1314 Ζώπυρα
FD III 6,6    freed under
Delphi        a paramone
init. s.Ip.   restriction

1315 Ζωπύρ[α]
FD III 4,123
Delphi
158/7a.

1316 Ζωπύρα
FD III 2,236
Delphi
139/8-122/1a.
τὸ γένος Σύραν

1317 Ζωπύρα
GDI 1715
Delphi
161/0a.
τὸ γένος Θρ[αίσσαν]

1318 Ζωπύρα
GDI 2064
Delphi
180/79 or 179/8a.

1319 Ζωπύρα
GDI 2034
Delphi
186/5a.
freed under a paramone
restriction

1320 Ζωπύρα
GDI 2035
Delphi
186/5a.

1321 Ζώπυρα
FD III 3,39 (GDI 2298)
Delphi
139/8a.
ἐγγενής

1322 Ζωπύρα
GDI 1810
Delphi
171/0a.
τὸ γένος Ἰλλύραν

1323 Ζωπύρα
FD III 3,46
Delphi
med. s.IIa.

1324 Ζωπύρα (τὸ δὲ πρότερον
ἦν Σίμου)
GDI 2061
Delphi
182/1a.

1325 Ζωπυρίς
GDI 2026
Delphi
189/8a.

1326 Ζωπυρίς
GDI 2149
Delphi
139/8-122/1a.
οἰκογενής

1327 Ζωπυρίς
    IG IX.1².688 freed under
    Physcus    a paramone
    c. 166a.    restriction

1328 Ζώπυρις
    JOAI Beibl. 14,
    p.146, l.27
    Argive Heraeum
    fin. s.IIa.

1329 Ζωπυρίς
    GDI 1920
    Delphi
    180/79 or 179/8a.
    freed under a paramone
    restriction

1330 Ζωπυρίων
    GDI 1967
    Delphi
    153/2-144/3a.

1331 Ζωπυρίων
    GDI 2075
    Delphi
    194/3a.
    τὸ γένος Λάκωνα

1332 Ζώπυρος
    GDI 2148
    Delphi
    143/2a.
    οἰκογενής

1333 [Ζ]ώπυρος
    IG IX.2.77
    Lamia
    s.Ia./p.

1334 Ζώπυρος
    IG VII 3358
    Chaeronea
    s.IIa.

1335 Ζώπυρος
    FD III 3,336
    Delphi    freed under
    med. s.Ia.    a paramone
    οἰκογενής    restriction

1336 Ζώπυρος
    BCH 59 p.202 l.6
    Daulis
    init. s.IIa.
    freed under a paramone
    restriction

1337 Ζώπυρος
    IG IX.2.224,2
    Angeae
    s.Ia./p.

1338 Ζώπυρος
    FD III 6,6    freed under
    Delphi    a paramone
    init. s.Ip.    restriction

1339 Ζώπυρος
    BCH 66-7 p.74, no.4
    Delphi
    med. s.IIa.
    ἐνδογενής

1340 Ζώπυρος
    IG IX.2.15,4
    Hypata
    med. s.IIa.

1341 [Ζ]ώπυρος
    IG IX.2.1115,13
    Demetrias
    s.Ip.

1342 Ζώπυρος
    IG IX.1².639,10
    Naupactus
    c. med. s.IIa.
    γένος Σύρον

1343 Ζ[ω]σ[ά]ριον
    Annuario, 1944-5, no.184
    Calymna
    s.IIp.

1344 Ζωσίμα
    FD III 3,303 and 304
    Delphi    freed under
    init. s.Ip.    a paramone
    οἰκογενής    restriction

1345 Ζωσίμα
    FD III 3,291 and 292
    Delphi
    med. s.Ia.
    freed under a paramone
    restriction

1346 Ζωσίμη
    AE 1913 p.173
    Azoros
    14/13a.
    cf. IG IX.2.1296

1347 Ζωσίμη
    FD III 6,126
    Delphi
    med. s.Ip.
    freed under a paramone
    restriction

1348 Ζωσίμη
    Annuario, 1944-5, no.170
    Calymna
    s.IIp.

1349 Ζωσίμη
   AE 1917 no.312 p.21
   Cyretiae
   s.Ia.

1350 Ζωσίμη
   AE 1917 no.303 p.3
   Cyretiae
   s.Ip.

1351 Ζωσίμη
   IG IX.2.1296,26
   Oloosson
   14/13a.

1352 Ζωσίμη
   IG IX.2.1232,10
   Phalanna
   s.I/IIp.

1353 Ζωσίμη
   IG IX.2.548,5
   Larisa
   c.131/2p.

1354 Ζωσίμη
   IG IX.2.474,5
   Atrax
   med. s.Ia.

1355 Ζωσίμ[η]
   IG IX.2.567,17
   Larisa
   s.II/Ia.

1356 Ζώσιμος
   IG IX.2.563,7
   Larisa
   s.I/IIp.

1357 Ζώσιμο[ς]
   IG IX.2.546,12
   Larisa
   131/2p.

1358 Ζώσιμος
   BCH 35 p.233 l.7
   Atrax
   s.Ia./p.

1359 Ζώσιμος
   REG 12 no.8, p.172
   Thessalonika
   243p.

1360 Ζώσιμος
   AE 1923 no.376 p.142
   Doliche
   s.IIp.

1361 Ζώσιμος
   AE 1923 p.142, no.376
   Doliche
   med. s.IIp.

1362 Ζώσιμος
   IG IX.2.21,11
   Hypata
   c.130p.

1363 Ζώσιμος
   IG IX.2.16,16
   Hypata
   132/3p.

1364 Ζώσιμος
   IG IX.2.20c
   Hypata
   med. s.IIp.

1365 Ζώσιμος
   IG VII 3323      freed under
   Chaeronea       a paramone
   s.IIa.           restriction

1366 Ζώσιμος
   GDI 2326
   Delphi
   40a. -18p.

1367 Ζ[ώ]σιμος
   IG IX.2.256b,13
   Pharsalus
   s.Ip.

1368 Ζωσώ
   IG IX.2.1268,5
   Doliche?
   med. s.IIp.

1369 Ἡδεῖα
   GDI 2082
   Delphi
   194/3a.
   τὸ γένος Μαχέταν ἐξ
   Ὠρωποῦ

1370 Ἡδίστα
   GDI 2045
   Delphi
   197/6a.
   τὸ γένος Βρεττίαν

1371 Ἡδίστη
   IG II²1554, 65-68
   Athens
   c.330a.
   παιδίον ἐ Σκαμ οἰκ

1372 Ἡ[δ]ίστη
   RE 1914 no.273 p.33
   Oloosson
   med. s.IIp.

1373 Ἡδονή
   Annuario, 1944-5, no.196
   Calymna
   s.IIp.

1374 Ἡδύ[λ]α
  ΑΕ 1917 no.320 p.36
  Cyretiae
  s.Ip.

1375 Ἡδύλα
  GDI 1803
  Delphi
  c. 172a.

1376 Ἡδύλιο[ν]
  IG II²1560, 16-20
  Athens
  c.330a.
  ταλασιο[υργός]

1377 Ἡδύχρουν
  GDI 2338    freed under
  Delphi      a paramone
  fin. s.Ia.  restriction

1378 Ἡραΐς
  FD III 2,121
  Delphi
  c.130a.

1379 Ἡραΐς
  IG IX.2.18
  Hypata

1380 Ἡραΐς
  GDI 2124
  Delphi
  194/3a.

1381 Ἡραΐς
  ΑΕ 1917 no.338 p.123
  Cyretiae

1382 Ἡράκλεα
  GDI 2178       freed under
  Delphi         a paramone
  101/0-60/59a.  restriction

1383 Ἡράκλεα
  FD III,6,89
  Delphi
  fin. s.IIa.

1384 Ἡρακλέα
  FD III 2,127
  Delphi
  124-116a.
  ἐνδογενής?

1385 Ἡράκλεα
  GDI 2316
  Delphi
  124-116a.
  ἐνδογενής

1386 Ἡράκλεια
  GDI 2050
  Delphi
  196/5a.
  τὸ γένος Λάκαιναν

1387 Ἡράκλεια
  GDI 2175
  Delphi
  142/1 or 141/0a.

1388 Ἡρακλεία
  IG XII.3.336,16
  Thera
  s.IIIa.

1389 Ἡράκλεια
  ΑΕ 1932 Chronika,
  p.25, l.19
  Larisa
  s.Ia./p.

1390 Ἡρακλείδας
  GDI 2182
  Delphi
  143/2a.
  τὸ γένος 'εκ Φανατέος

1391 Ἡρακλείδας
  GDI 1740
  Delphi
  170/69a.
  τὸ γένος Ἀλεξανδρῆς

1392 Ἡρακλείδας
  GDI 1898
  Delphi
  155/4a.

1393 Ἡρακλείδας
  FD III 3,372
  Delphi
  s.Ia.

1394 Ἡρα(κλ)ε[ίδης?]
  IG II²1553, 10-13
  Athens
  c.330a.
  ἐμ Πειραι οἰκῶν

1395 Ἡρακλείδης
  ΑΕ 1923 no.374 p.141
  Doliche?
  s.IIp.
  cf. IG IX.2.1269

1396 Ἡρακλείδης
  IG IX.2.290a
  Gomphi
  s.Ia./p.

1397 ʻΗρακλείδης
   IG VII 3309
   Chaeronea
   s.IIa.

1398 ʻΗρακλείδης
   IG II² 1576,69-72
   Athens
   fin. s.IVa.
   ἀγγειουργὸς ἐγ Κερα

1399 ʻΗρακλείδης
   BCH 35 p.232 l.1
   Atrax
   s.Ia./p.

1400 ʻΗρακλείδης
   AE 1923 p.141 no.374
   Doliche?
   s.IIp.
   cf. IG IX.2.1269

1401 ʻΗρακλείδης
   Deltion 11 no.5 p.59
   Larisa

1402 ʻΗρακλειόδωρον
   IG IX.1².616,5
   Naupactus
   195/4a.
   τὸ γένος Σκύριος

1403 ʻΗράκλειτος
   GDI 1713
   Delphi
   153/2-144/3a.

1404 ʻΗράκλειτος
   FD III 6,125
   Delphi
   med. s.Ip.
   freed under a paramone
   restriction

1405 ʻΗρακλεόδωρος
   IG II²1570, 36-38
   Athens
   c.330a.
   μάγειρος ἐγ Κολλ[υτῶι]
   οἰκ

1406 ʻΗρακλέων
   IG VII 3342
   Chaeronea
   s.IIa.

1407 ʻΗρακλέων
   IG IX.2.547,9
   Larisa
   c.131/2p.

1408 ʻΗρακλέων
   GDI 2278
   Delphi
   153/2-144/3a.

1409 ʻΗρακλῆα
   FD III 3,11
   Delphi
   162/1a.?

1410 ʻΗράκλῃα
   FD III 2,241
   Delphi
   139/8-122/1a.

1411 ʻΗρακλῄιδας
   IG V.1.1231
   Taenarum
   427/6a.

1412 ʻΗρακλῆς
   IG II² 1557,72-75
   Athens
   fin. s.IVa.

1413 ʻΗρακλῆς
   IG IX.2.555,12
   Larisa
   s.Ia./p.

1414 ʻΗρόφιλος
   IG IX.2.1232,1
   Phalanna
   s.I/IIp.

1415 ʻΗρωΐδας
   GDI 2232
   Delphi
   184/3a.
   τὸ γένος Τενέδιον

1416 ʻΗσύχιον
   GDI 1789
   Delphi
   170/69a.

1417 ʻΗφαιστίων
   IG II² 1569,35-38
   Athens
   fin. s.IVa.
   ἐγ Κεραμέων οἰκῶν

1418 [Η]xώ
   Hesperia 28 p.224 l.214
   Athens
   fin. s.IVa.

1419 Θάληα
   IG IX.2.544,17
   Larisa
   41/2p.

1420 θάλλος
    IG IX.2.1117,8
    Demetrias
    s.IIp.

1421 [θ]άλλος
    AE 1945-7 no.7 p.102
    Thessaly

1422 θάλλ[ο]υσα
    AE 1917 no.338 p.123
    Cyretiae

1423 θ[ά]λλουσ[α]
    AE 1916 no.284 p.79
    Oloosson
    fin. s.Id.

1424 θάλλουσα
    IG IX.2.555,4
    Larisa
    s.Ia./p.

1425 θαυμαστά
    IG VII 3328
    Chaeronea
    s.IIa.

1426 θεμίσων
    IG IX.2.568,32
    Larisa
    s.II/Ia.

1427 θεογένης
    IG IX.2.21
    Hypata
    c.130p.

1428 [θε?]οδοσία
    IG IX.2.1115,22
    Demetrias
    s.Ip.

1429 θεο[δ]οσία
    BCH 95 p.278, l.21
    Larisa
    140-130a.

1430 θεοδόσιος
    GDI 2276
    Delphi
    153/2-144/3a.
    τὸ γένος Σύρον

1431 θεοδόσιος
    FD III 6,118
    Delphi
    121-108a.
    freed under a paramone
    restriction
    τὸ γένος Γαλάταν

1432 θεοδότα (θευδότα)
    FD III 3,12    freed under
    Delphi         a paramone
    161/0a.?       restriction

1433 θεόδοτος
    Athena 12 p.71 no.3
    Edessa

1434 [θ]εόδοτ[ος]
    AE 1932 Chronika,
    p.24, l.29
    Larisa
    s.Ia./p.

1435 θεοδώρα
    GDI 2138
    Delphi
    153/2-144/3a.

1436 θε[ο]δώρα
    IG IX.2.287c,15
    Gomphi
    s.Ia./p.

1437 θεοδώρα
    GDI 1722
    Delphi
    158/7a.

1438 θεοδώρα
    AE 1916 no.278 p.29
    Oloosson
    s.Ia./p.
    cf. JHS 1913 no.12c
    p.323

1439 [θ]εοδώρα
    JOAI Beibl. 14,
    p.146, l.20
    Argive Heraeum
    fin. s.IIa.

1440 θεόδωρος
    FD III 3,397
    Delphi
    med. s.Ia.
    οἰκογενής

1441 θεόδωρος
    FD III 3,269
    Delphi         freed under
    49/8a.         a paramone
    οἰκογενής      restriction

1442 θεοκλῆς
    GDI 2100
    Delphi
    63/2-51/0a.
    οἰκογενής

1443 Θεόκριτος
GDI 1944
Delphi
153/2-144/3a.
ἐνδογενής
freed under
a paramone
restriction

1444 Θεόκριτος.
IG IX.1².639,11
Naupactus
c. med. s.IIa.
freed under a paramone
restriction
οἰκογενής

1445 Θεοξένα
FD III 3,439
Delphi
med. s.Ia.
freed under
a paramone
restriction

1446 Θεόξενος
FD III 3,414
Delphi
fin. s.Ia.

1447 Θεόξενος
FD III 3,276 and 278
Delphi
30/29a.?
οἰκογενής
freed under
a paramone
restriction

1448 Θεόξενος
GDI 2294b
Delphi
53/2-39/8a.

1449 Θεότιστο[ς]
AE 1932 Chronika,
p.25, l.12
Larisa
s.Ia./p.

1450 Θεόπομπος
FD III 2,169
Delphi
139/8-122/1a.
οἰκογενής

1451 Θεότιμ[ος]
JOAI Beibl. 14,
p.146, l.11
Argive Heraeum
fin. s.IIa.

1452 Θεοφίλα
IG IX.2.568,33
Larisa
s.II/Ia.

1453 Θε[ό]φιλος
IG IX.2.73,16
Lamia
s.I/IIp.

1454 Θεόφιλος
IG IX.2.555,14
Larisa
s.Ia./p.

1455 [Θ]εόφ[ιλ]ος
Annuario, 1944-5, no.174
Calymna
s.IIp.

1456 Θεσία
FD III 6,133
Delphi
med. s.Ip.

1457 Θεσσιάς
FD III 3,355
Delphi
init. s.Ia.
freed under a paramone
restriction
[τὸ γένος Βοι]ωτᾶν

1458 Θεσσίας
FD III 6,35
Delphi
med. s.Ip.
freed under a paramone
restriction

1459 Θεσσ[α]λία
IG IX.2.1044d,11
Gonnus
s.Ip.
and see Gonnoi,
p.157, no.132

1460 Θευδόσιος
IG IV² 375
Epidaurus
s.IIIa.

1461 Θευδότα
GDI 2079
Delphi
177/6a.
freed under a paramone
restriction

1462 Θευδώρα
GDI 1773
Delphi
170/69a.

1463 Θευδώρα
GDI 1848
Delphi
166/5a.

1464 Θεύδωρος
GDI 1753
Delphi
167/6a.

1465 Θεύξενος
    GDI 2028
    Delphi
    153/2-144/3a.

1466 Θεύξενος
    GDI 1848
    Delphi
    166/5a.

1467 Θευτίμα
    GDI 2101
    Delphi
    182/1a.

1468 Θεύφιλος
    BCH 66-7 p.78, no.7
    Delphi
    med. s.IIa.
    τὸ γένος Καππάδοκα

1469 Θέων
    GDI 1773
    Delphi
    170/69a.

1470 Θηβαίς
    IG XII.3.1302,33
    Thera
    s.IIa

1471 Θίσβη
    FD III 6,123
    Delphi
    med. s.Ip.

1472 Θόας
    BCH 79 p.446, l.32
    Scotussa
    c.161/0a.
    and see SEG 15 370

1473 Θόρ[αξ]
    IG V.1.1229
    Taenarum
    s.Va.
    and see GDI 4589

1474 Θραικίδας
    GDI 1884    freed under
    Delphi    a paramone
    165/4a.    restriction
    ἐνδογενῆς

1475 Θραικώ
    SB Berlin 1936 p.371b
    Potidania
    med. s.IIa.
    τὸ γένος ἐκ τᾶς χώρας

1476 Θραῖσα
    GDI 2164
    Delphi
    157/6a.

1477 Θραῖσσα
    BCH 35 p.233 l.13
    Atrax
    s.Ia./p.

1478 Θραῖσσα
    GDI 1694 and SEG 22 487
    Delphi
    153/2-144/3a.
    freed under a paramone
    restriction

1479 [Θρ]αῖσσα
    AE 1924 no.401 p.158
    Pythium
    s.Ia.

1480 Θραῖττα
    IG II$^2$ 1557,51-54
    Athens
    c. 330 a.
    καπηλ ἐμ Με οἴκοῦ

1481 Θρασύμ[αχ]ος
    IG IX.1$^2$.631
    Naupactus
    163/2a.
    τὸ γένος Μάγνης

1482 [Θυ]μιλώ
    AE 1923 no.362 p.128
    Azoros
    s.Ia.

1483 Θυμενομία
    IG IX.2.545,6
    Larisa
    44p.

1484 Θυρσός
    IG XII.3.1302,29
    Thera
    s.IIa.

1485 Θυτός?
    IG IV$^2$ 361
    Epidaurus
    s.IIIa.

1486 Ἴακχος
    GDI 2223
    Delphi
    142/1 or 141/0a.
    τὸ γένος Θηβαῖον
    ἐνδογενῆς

1487 "Ιακχος
GDI 1934
Delphi
157/6a.

1488 'Ιάs
GDI 2238
Delphi
187/6a.

1489 'Ιάσων
IG IV² 357
Epidaurus
s.IIIa.

1490 'Ιάσων
GDI 1915
Delphi
154/3a.
τὸ γέ[νος 'Α]ρμένιον

1491 'Ιάσων
BCH 79 p.448, l.21
Scotussa
init. s.IIa.
and see SEG 15 370

1492 'Ιάσων
IG IX.2.568,22
Larisa
s.II/Ia.

1493 ['Ιά?]σων
IG IX.2.1232,3
Phalanna
s.I/IIp.

1494 'Ιεροκλῆς
JOAI Beibl. 14,
p.146, l.22
Argive Heraeum
fin. s.IIa.

1495 'Ιλάρα
IG IX.2.553,15
Larisa
s.Ia.

1496 'Ιλαρα
AE 1917 no.314 p.27
Cyretiae
s.IIp.

1497 ['I]λά[ρ]α
AE 1917 no.309 p.18
Cyretiae
s.Ia.

1498 'Ιλαρία
AE 1917 no.319 p.35
Cyretiae
s.Ip.

1499 'Ιλαρον
GDI 2090
Delphi
140/39a.
ἐνδογενής

1500 'Ιλαρον
GDI 2283
Delphi
153/2-144/3a.
ἐνδογενής

1501 'Ιλαρον
GDI 1834
Delphi
177/6a.

1502 'Ιλαρός
Gonnoi p.164, no.139
Gonnus
aetate Flaviorum

1503 'Ιλαρος
BCH 35 p.233 l.7
Atrax
s.Ia./p.

1504 'Ιλιας
IG IX.2.1232,24
Phalanna
s.I/IIp.

1505 'Ιμάραγδος
IG IX.2.14a,6
Hypata
s.Ia./p.

1506 'Ιόππα
FD III 6,91
Delphi
124-116a.

1507 'Ιουδαῖον
GDI 2029
Delphi
163/2a.
τὸ γένος 'Ιουδαῖος

1508 ['Ιου]κόνδα?
IG IX.2.544,17
Larisa
41/2p.

1509 'Ιουκοῦνδα
IG IX.2.547,10
Larisa
c.131/2p.

1510 'Ιουκοῦνδος
IG IX.2.1115,21
Demetrias
s.Ip.

1511 ‛Ιππόλοχος
   IG II² 1570,42-44
   Athens
   fin. s.IVa.
   ἐν Σαλαμῖνι οἰκ

1512 ᾽Ιρηναῖος
   AE 1917 no.305 p.12
   Cyretiae
   s.Ip.

1513 ᾽Ισαγόρας
   IG IX.2.72,10
   Lamia
   s.Ia./p.

1514 ᾽Ισάργυρον
   IG IX.2.73
   Lamia
   s.Ia./p.

1515 ᾽Ισάργυρον
   FD III 3,413   freed under
   Delphi          a paramone
   fin. s.Ia.      restriction

1516 ᾽Ισιάς
   IG IX.2.109a,66
   Halos
   med. s.Ia.

1517 [᾽Ι]σιάς
   AE 1917 no.313 p.26
   Cyretiae
   s.Ia.

1518 ᾽Ισιας
   IG IX.2.206,IA,7
   Melitea
   med. s.Ia.

1519 ᾽Ισιδότη
   IG IX.2.568,17
   Larisa
   s.II/Ia.

1520 ᾽Ισίδοτος
   Annuario, 1944-5, no.171
   Calymna
   s.IIp.

1521 ᾽Ισιδώρα
   IG IX.2.1282,23
   Pythium
   s.Ia./p.
   freed under a paramone
   restriction

1522 ᾽Ι[σι]δώ[ρ]α
   GDI 1943
   Delphi
   153/2-144/3a.

1523 ᾽Ισίδωρος
   GDI 2180
   Delphi
   53/2-39/8a.
   οἰκογενής

1524 ᾽Ισίδω[ρος]
   IG IX.2.28
   Hypata
   s.Ia./p.

1525 ᾽Ισίων
   AE 1917 no.305 p.12
   Cyretiae
   s.Ia.

1526 ᾽Ισι[ων]
   AE 1923 p.154 no.384 l.23
   Doliche?
   s.IIp.
   cf. AE 1913 p.155a and
   IG IX.2.1268,23

1527 ᾽Ισόχρυσος
   IG IX.1.86
   Hyampolis
   98-117p.
   freed under a paramone
   restriction

1528 ‛Ιστιαιίς
   IG IX.1².639,1
   Naupactus
   c. 141/0a.

1529 ‛Ιστιαῖ[ο]ς
   AE 1924 no.403 p.160
   Pythium

1530 ‛Ιστιαῖος
   GDI 1738
   Delphi
   163/2a. ?
   τὸ γένος Εὔρον

1531 ‛Ιστιώ
   GDI 1807      freed under
   Delphi         a paramone
   175/4a.        restriction

1532 ‛Ιστιώ
   GDI 2085      freed under
   Delphi         a paramone
   175/4a.        restriction

1533 ῎Ιστρος
   IG IX.1².624a,10
   Naupactus
   c. med. s.IIa.
   οἰκογενής

1534 Ἰταλί[α]
    IG XII.3.1302,49
    Thera
    s.IIa.

1535 Ἰταλί*
    FD III 3,283
    Delphi
    fin. s.Ia.
    οἰκογενής

1536 Ἰταμή
    IG II$^2$ 1557,55-58
    Athens
    c. 330a.
    ταλασι ἐμ Ηει οἴκου

1537 Ἰταυάλλιν
    Annuario 1944-5, no.164b
    Calymna
    s.IIp.

1538 Ἰτωνία
    IG IX.2.568,30
    Larisa
    s.II/Ia.

1539 *Ἰων
    ASAL, 60,II,no.11, p.81
    Epidaurus
    s.IIIa.
    cf. IG IV$^2$ 364

1540 *Ἰων
    IG IX.2.206,IIb,16
    Melitea
    med. s.Ia.

1541 Ἰωνίς
    GDI 2118
    Delphi
    c. 125a.
    τὸ γένος Φωκίς

1542 Ἰωνίς
    GDI 1803
    Delphi
    173/2a.

1543 Ἰωνίς
    GDI 1819
    Delphi
    163/2a. ?
    freed under a paramone
    restriction

1544 Ἰώνιχος
    GDI 2145
    Delphi
    c.130a.

1545 Ἰώπυρος
    IG IX.2.15,b
    Hypata
    c.40p.

1546 Καικελία
    IG IX.2.359c,II
    Pagasae
    s.I/IIp.

1547 Καλλία[s]
    IG II$^2$1554, 22-25
    Athens
    c.330a.
    Κ. κάπηλ, ἐμ Πε[ι οἰ]κῶν

1548 Καλλιβούλα
    FD III 2,233
    Delphi
    137/6a.?
    freed under a paramone
    restriction
    τὸ γένος Βοιωτάν

1549 Καλλίδαμος
    GDI 1949
    Delphi
    185/4a.

1550 Καλλίδαμος
    GDI 2105
    Delphi
    181/0a.

1551 Καλλίκλεια
    GDI 2074
    Delphi
    198/7a.

1552 [Κ]αλλίκλεια
    BCH 79 p.447, l.36
    Scotussa
    c.135a.
    and see SEG 15 370

1553 Καλλίκλης
    IG IX.2.14a,9
    Hypata

1554 Καλλ[ι]κράτεια
    GDI 1684
    Delphi
    med. s.IIa.
    ἐνδογενής

1555 Καλλικράτης
    GDI 1935
    Delphi
    156/5a.

1556 Καλλικράτης
GDI 1729 freed under
Delphi a paramone
167/6a. restriction
οἰκογενής

1557 Καλλίμαχος
GDI 1843
Delphi
175/4a.

1558 Καλλίμαχος
FD III 3,42
Delphi
med. s.Ia.

1559 Καλλίξενος
FD III 2,233
Delphi
137/6a.?
freed under a paramone
restriction

1560 Καλλιόπα
GDI 2285
Delphi
153/2-144/3a.
οἰκογενής

1561 Καλλιόπα
FD III 3,323
Delphi
fin. s.Ia.
οἰκογενής

1562 Καλλιόπα
GDI 2215
Delphi
143/2a.
οἰκογενής

1563 [Καλ]λιόπη
IG XII.3.337,6
Thera
s.IIa.

1564 Καλλιόπη
FD III 6,29 and 30
Delphi
init. s.Ip.
freed under a paramone
restriction

1565 Καλλιόπη
AE 1930 no.1 p.176
Larisa
s.Ia./p.

1566 Καλλιόπη
BCH 35 p.232 l.3
Atrax
s.Ia./p.

1567 [Κ]άλλιππος
IG IX.2.275,11
Metropolis
s.Ia./p.

1568 Καλλίς
IG IX.1.125
Elatea
s.IIa.

1569 Καλλίς
IG VII 3329
Chaeronea
s.IIa.

1570 Καλλίς
IG VII 3322 freed under
Chaeronea a paramone
s.IIa. restriction

1571 Καλλίς
GDI 2005
Delphi
190/89a.

1572 Καλ[λισ]θένης
IG IX.2.415a,47
Pherae
med. s.Ia.

1573 Καλλίστα
AE 1917 no.317 p.32
Cyretiae
c. 100p.

1574 Καλλιστράτα
GDI 1863
Delphi
176/5a.

1575 Καλλιστώ
IG IX.2.415a,16
Pherae
med. s.Ia.

1576 [Κ]αλ[λ]ιστώ[ν]
IG IX.2.13,18
Hypata
47/8p.

1577 Καλλιτύχη
AE 1905 no.9 p.194
Thessaly

1578 Καλλιτύχη
IG IX.2.550,15
Larisa
s.Ia./p.

1579 Καλλιτύχη
IG IX.2.562,7
Larisa
s.I/IIp.?

1580 Καλλιτύχ[ης]
   IG IX.2.16
   Hypata
   c.130p.

1581 Καλλώ
   IG IX.2.14a,5
   Hypata

1582 Καλλώ
   GDI 2229    freed under
   Delphi      a paramone
   187/6a.     restriction
   ἐνδογενής

1583 Καλλώ
   GDI 2218
   Delphi
   139/8a.
   τὸ γένος [Κ]ολχίδ[α]

1584 Καλλώ
   GDI 2269
   Delphi
   153/2-144/3a.
   ἐνδογενής

1585 Καλλώ
   IG VII 3412
   Chaeronea
   s.IIa.
   freed under a paramone
   restriction

1586 Καλλώ
   Gonnoi p.137, no.116
   Gonnus
   12/11a.

1587 Καλλώ
   FD III 6,48
   Delphi
   init. s.Ip.

1588 Κάλλων
   GDI 2033
   Delphi
   178/7a.

1589 Κανθάρα
   GDI 1348
   Dodona
   ante med. s.IIIa.

1590 Κανθάρα
   IG IX.1².100
   Phistyum
   med. s.IIa.

1591 Καραΐς
   IG VII 3331
   Chaeronea
   s.IIa.

1592 Καρδάμα
   IG VII 3203
   Orchomenos
   init. s.IIa.

1593 Καρησία
   IG XII.3.1302,55
   Thera
   s.IIa.

1594 Καριάς
   GDI 1797
   Delphi
   168/7a.
   τὸ γένος Ἐλυμαίαν

1595 Καρίνα
   GDI 1988
   Delphi
   194/3a.

1596 Καρίων
   GDI 2032
   Delphi
   180/79 or 179/8a.

1597 Καρπίς
   GDI 1737
   Delphi
   163/2a. ?
   οἰκογενής

1598 Κάρπος
   GDI 2018
   Delphi
   139/8-122/1a.
   οἰκογενής

1599 Κάρπος
   GDI 2083
   Delphi
   186/5a.

1600 Κάρπος
   AE 1917 no.305 p.12
   Cyretiae
   s.Ia.

1601 Κα[ρπ]ώ
   AE 1917 no.303 p.3
   Cyretiae
   s.Ip.

1602 Καρπ[ώ?]
   IG IX.2.568,4
   Larisa
   s.II/Ia.

1603 Κάσα[ν]δρος
   REG 12 p.169, no.1
   Thessalonika
   224p.
   see Athena 12 p.70, no.1

1604 Κασία
    BCH 79 p.447, l.35
    Scotussa
    c.135a.?
    and see SEG 15 370

1605 Κασία
    GDI 2067
    Delphi
    188/7a.
    οἰκογενής

1606 Κασσάνδρα
    IG IX.2.547,8
    Larisa
    c.131/2p.

1607 Κάσσανδρος
    IG IX.2.206,IA,15
    Melitea
    med. s.Ia.

1608 Κάσσ[ι]ο[ς]
    AE 1917 no.305 p.12
    Cyretiae
    s.Ia.

1609 Κασταλία
    BCH 66-7 p.77, no.6
    Delphi
    med. s.IIa.

1610 Κασταλία
    GDI 1686
    Delphi
    c.150a.
    τὸ γένος Σύραν

1611 Κασταλία
    GDI 2315
    Delphi
    138/8-122/1a.
    τὸ γένος Σύραν

1612 Κασταλία
    FD III 6,77
    Delphi
    fin. s.IIa.
    τὸ γένος Σύραν

1613 Καταθύμιον
    FD III 3,352
    Delphi
    init. s.Ia.
    οἰκογενής

1614 Καυχά[ξ]α
    Ditt.-Purg. p.31, no.12
    Olympia
    s.Va.?
    cf. GDI 1161

1615 Καυχάψα
    GDI 1161
    Olympia
    s.Va.?
    cf. Ditt.-Purg. p.31,
    no.12

1616 Καφισία
    IG VII 3371
    Chaeronea
    s.IIa.

1617 Κερδωλᾶς
    SEG 15 415
    Amphipolis
    158/9 vel 274/5p.

1618 Κέ[ρδω]ν
    AE 1917 no.305 p.12
    Cyretiae
    s.Ia.

1619 Κέρδων
    IG IX.2.1042,28
    Gonnus
    post. 12a.
    and see Gonnoi, p.143,
    no.119

1620 Κέρδων
    IG IX.2.1268,18
    Doliche?
    med. s.IIp.

1621 Κέρδων
    IG VII 3378 freed under
    Chaeronea   a paramone
    s.IIa.      restriction

1622 Κέρδων
    IG IX.2.18
    Hypata

1623 Κέρδων
    IG XII.3.1302,26
    Thera
    s.IIa.

1624 Κέρδων
    GDI 2193
    Delphi
    84/3-60/59a.

1625 Κερκίς
    IG II$^2$1576, 77-80
    Athens
    c.330a.

1626 Κιθαιρών
    IG IV$^2$ 373
    Epidaurus
    s.IIIa.

1627 Κίντος
GDI 1731 freed under
Delphi a paramone
164/3a. ? restriction
ἐνδογενής

1628 Κίσσος
IG IV² 374
Epidaurus
s.IIIa.

1629 Κίσ[σος]
AE 1913 p.155a.
Doliche
s.IIp.
cf. AE 1923 p.154, l.23
and IG IX.2.1268,23

1630 [Κ]ίττος
IG II²1554, 10-13
Athens
c.330a.
Κ. ἐμ Πει οἰκῶν, χαλκεύ

1631 Κλέα
GDI 2078
Delphi
177/6a.

1632 Κλεαγόρα
GDI 1783
Delphi
167/6a.

1633 Κλέαν[δρος] Νικάνορος
IG IX.2.568,25
Larisa
s.II/Ia.

1634 Κλέαρχο[ς]
SB Berlin 1936 p.364,
no.1
Phistyum
fin. s.IIa.
οἰκογενής?

1635 Κλειταγόρα
IG IX.2.229c,5
Angeae
s.I/IIp.

1636 Κλειτάγορος
IG IX.2.1232,13
Phalanna
s.I/IIp.

1637 Κλείταρχος
IG IX.2.1042,9
Gonnus
c.10a.?
and see Gonnoi, p.138,
no.117

1638 Κλεῖτ[ος?]
IG IX.2.1232,19
Phalanna
s.I/IIp.

1639 Κλεογένης
IG V.1.1228
Taenarum
fin. s.Va.

1640 Κ(λ)εοδάμα
IG IX.1².106
Phistyum
med. s.IIa.
οἰκογενής

1641 Κλεομένης
IG V.1.1233
Taenarum
s.IVa.

1642 Κλεονίκα
GDI 1693
Delphi
139/8-122/1a.
οἰκογενής

1643 Κλεονίκα
GDI 1907
Delphi
180/79 or 179/8a.

1644 Κλεονίκα
GDI 2012
Delphi
196/5a.

1645 Κλεονίκα
GDI 1977
Delphi
178/7a.

1646 Κλεοπάτρα
GDI 2010
Delphi
196/5a.

1647 Κλεοπάτρα
GDI 1869
Delphi
177/6a.
οἰκογενής

1648 Κλεοπάτρα
FD III 3,377
Delphi freed under
fin. s.Ia. a paramone
restriction

1649 Κλεοπάτ[ρα]
FD III 3,432
Delphi
init. s.Ia.

1650 (Κ)λεοπάτρα
IG IX.2.16,2
Hypata
c.130p.

1651 Κλεοπάτρ[α]
IG IX.2.109b,62
Halos
med. s.Ia.

1652 Κλεοπάτρα
IG IX.2.1295,11
Oloosson
s.Ia./p.

1653 Κλε[ο]πάτρα
AE 1917 no.313 p.26
Cyretiae
s.Ia.

1654 Κλεόπατρος
IG IX.2.206,IIIc,3
Melitea
43/4p.

1655 Κλεώ
FD III 3,263 and 264   freed under
Delphi                 a paramone
49/8a.                 restriction

1656 Κλεώ
GDI 1778
Delphi
167/6a.

1657 Κλεώ
GDI 2046
Delphi
186/5a.
το γένος Ἰλλυριάν

1658 Κλεώ
FD III 2,229
Delphi
156/5a.
cf. BCH 68-9 p.110, no.2
ἐνδογενής

1659 Κλεώ
GDI 1818       freed under
Delphi         a paramone
c. 170-155a.   restriction

1660 Κλεώ
GDI 1910
Delphi
155/4a.

1661 Κλεώ
GDI 1997
Delphi
170/69a.

1662 Κλεώ
GDI 1977
Delphi
178/7a.

1663 Κλέων
FD III 6,103
Delphi
121-109a.
οἰκογενής

1664 Κλέων
FD III 6,6      freed under
Delphi          a paramone
init. s.Ip.     restriction

1665 Κλέων
GDI 2135
Delphi
177/6a.

1666 Κλῆτα
AE 1930 no.1 p.176
Larisa
s.Ia./p.

1667 Κλῆτα
IG IX.2.415a,14
Pherae
med. s.Ia.

1668 Κλύτα
GDI 2056
Delphi
175/4a.

1669 Κλύτα
GDI 1974      freed under
Delphi        a paramone
164/3a.       restriction

1670 Κόμαιθος
IG V.2.429
Phigalea
s.Va.

1671 [Κό]νων
IG II² 1559,83-85
Athens
fin. s.IVa.
παιδίον ἐμ Μελ οικ

1672 Κοπρυλλώ
AnnPhilHist 6, p.344a
Suvodol
281p.
cf. REG 12 p.171, no.4
Athena 12 p.72, no.5

1673 Κοπρυλλώ
Hell. I p.73-4
Suvodol

1674 Κορδύπη
    IG II² 1556,22-25
    Athens
    fin. s.IVa.
    ἐν Θορικ οἴκοῦ

1675 Κορπ[ύ]λος
    REG 12 no.4, p.171
    Thessalonika
    255p.
    cf. AnnPhilHist 6,
    p.344a and Athena 12
    p.72

1676 Κόσμη
    BCH 35 p.234 l.1
    Atrax
    s.Ia./p.

1677 [Κο]σμία
    IG IX.2.568,8
    Larisa
    s.II/Ia.

1678 Κοσμία
    IG IX.2.1295,21
    Oloosson
    s.Ia./p.

1679 Κόσμος
    SEG 12 314          freed under
    Beroea              a paramone
    a.235               restriction

1680 Κόσμος
    IG IX.1².639,2
    Naupactus
    c. med. s.IIa.
    τὸ γένος Θραῖκα

1681 Κοσσύφα
    IG IX.1².105
    Phistyum
    med. s.IIa.
    οἰκογενής

1682 Κοσσύφα
    GDI 2091
    Delphi
    138/7a.
    τὸ γένος Σύραν

1683 Κοσσύφα
    GDI 1995
    Delphi
    195/4a.
    οἰκογενής

1684 Κότταβος
    IG XII.3.1302,52
    Thera
    s.IIa.

1685 Κότυς
    GDI 2119
    Delphi
    195/4a.
    τὸ γένος Θραίκια

1686 Κότυς
    BCH 95 p.278, l.35
    Larisa
    140-130a.

1687 Κότ[υ]ς
    AE 1917 no.305 p.12
    Cyretiae
    s.Ia.

1688 Κράτεια
    IG II²1570, 78-79
    Athens
    c.330a.
    κ. ἐγ Κυδαθ[ηναίωι οἴκ]

1689 Κράτ[ε]ια
    GDI 1756
    Delphi
    170/69a.
    τὸ γένος ἐκ[.] Κελαίθας

1690 Κράτερος
    GDI 2016
    Delphi
    188/7a.
    τὸ γένος ἐξ 'Αμφίσσας

1691 Κρατό[λ]α
    IG IX.2.228c
    Angeae
    s.Ia./p.

1692 Κρατώ
    GDI 2078
    Delphi
    177/6a.

1693 Κρ[ηθ?]ων
    IG IX.2.415a,45
    Pherae
    med. s.Ia.

1694 Κρίτων
    FD III 3,356       freed under
    Delphi             a paramone
    init. s.Ia.        restriction

1695 Κρόκος
    GDI 1986
    Delphi
    191/0a.

1696 Κτῆμα
    GDI 2156 and 2157
    Delphi             freed under
    40a.  -18p.        a paramone
                       restriction

1697 Κτῆμα
    IG XII.3.337
    Thera
    s.IIa.

1698 Κτησία
    IG XII.3.1302,62
    Thera
    s.IIa.

1699 Κτησι(ι)κλῆς
    IG II² 1570,80-91
    Athens
    fin. s.IVa.
    ἐμ δε [ραεῖ οἴκ]

1700 Κτησίς
    IG XII.3.1302,17
    Thera
    s.IIa.

1701 Κτήσων
    GDI 2007
    Delphi
    190/89a.

1702 Κτήσων
    FD III 3,375
    Delphi
    fin. s.Ia.
    οἰκογενής

1703 Κτήσων
    GDI 1805
    Delphi
    165/4a. ?

1704 Κτήσων
    GDI 1841
    Delphi
    163/2a. ?
    τὸ γένος Σύρον

1705 Κυβάσης
    BCH 79 p.447, l.41
    Scotussa
    c.135a.
    and see SEG 15 370

1706 Κύδνος
    GDI 2125
    Delphi
    194/3a.

1707 Κύλλος
    IG IX.2.24
    Hypata
    s.IIp.

1708 Κύπριον
    GDI 1749 and 1750
    Delphi
    163/7a.
    freed under a paramone
    restriction
    τὸ γένος Κύπριος

1709 Κωμικός
    GDI 1819
    Delphi
    153/2a. ?
    freed under a paramone
    restriction

1710 Κῶμος
    GDI 1909
    Delphi
    173/7a.

1711 Κωτίς(?)
    IG IX.2.14a,15
    Hypata

1712 Λαδίκα
    GDI 2019
    Delphi
    153/2-144/3a.
    τὸ γένος Σύραν

1713 Λαδίκα
    GDI 1735
    Delphi
    163/2a.
    τὸ γένος Σύραν

1714 Λάδικος
    SB Berlin 1936 p.371a
    Potidania
    med. s.IIa.
    οἰκογενής

1715 Λαίς
    GDI 2237
    Delphi
    188/7a.
    οἰκογενής

1716 Λαίς
    FD III 3,26
    Delphi
    med. s.IIa.
    τὸ γένος Θρονιάδα

1717 Λαίς
    AE 1916 no.278 p.23
    Oloosson
    s.Ia./p.
    cf. JHS 1913 no.12c p.323

1718 Λαμία
    FD III 6,50
    Delphi
    med. s.Ip.
    freed under
    a paramone
    restriction

1719 Λαμία
    GDI 2216
    Delphi
    139/8–122/1a.
    freed under a paramone
    restriction
    οἰκογενής

1720 Λαμία
    IG IX.1$^2$.96b
    Phistyum
    init. s.IIa.
    τὸ γένος ἐκ τᾶς χώρας

1721 Λαμία
    IG IX.2.561,4
    Larisa
    s.Ia.?

1722 Λάμις
    AE 1945–7 p.102, no.6
    Pyrgos and see REG 64
    p.167, no.124

1723 Λα[μπε]τία
    AE 1917 no.312 p.21
    Cyretiae
    s.Ia.

1724 Λαμπρίς
    IG II$^2$1559, 59–62
    Athens
    c.330a.
    Λ. ἐν Σκαμ οἰκοῦς
    τ[ί]τθη

1725 [Λάμ]πων
    AE 1929 no.9 p.142
    Pyrasos
    s.Ia./p.

1726 Λαοδίκα
    FD III 2,120
    Delphi
    med. s.IIa.
    freed under a paramone
    restriction

1727 Λαοδίκα
    GDI 1837
    Delphi
    168/7a.

1728 Λάρισα
    GDI 2242
    Delphi
    186/5a.

1729 Λαυδίκη
    Annuario, 1944–5, no.174
    Calymna
    s.IIp.

1730 Λέαινα
    GDI 2198
    Delphi
    128/7a.
    οἰκογενής

1731 Λέαινα
    IG IX.2.19
    Hypata
    s.Ip.

1732 Λέαινα
    GDI 2147
    Delphi
    139/8a.–122/1a.

1733 Λέαινα
    GDI 1801
    Delphi
    174/3a.
    freed under
    a paramone
    restriction

1734 Λέαινα
    FD III 1,343
    Delphi

1735 (Λ)έαινα
    AE 1917 no.334, p.120
    Cyretiae
    cf. AE 1917 no.326,
    p.114

1736 Λέαινα
    GDI 1751
    Delphi
    med. s.Ia.
    apolysis from paramone

1737 Λέαινα
    IG IX.2.1044a,5
    Gonnus
    s.Ip.
    see also Gonnoi, p.144,
    no.120

1738 Λείριον
    GDI 1779
    Delphi
    168/7a.

1739 Λεόντιον
    SEG 23 478
    Phoenice
    s.IVa.

1740 Λεοντίς
    IG IX.2.1268,14
    Doliche?
    med. s.IIp.

1741 Λεοντίς
    FD III 6,33    freed under
    Delphi         a paramone
    med. s.Ip.     restriction

1742 Λεοντώ
    IG IX.2.546,24
    Larisa
    131/2p.

1743 Λεπτ[ίνη]s
    IG II²1558, 51-52
    Athens
    c.330a.
    ἐκ τῶν ἐργ ἐπι [Σ]ουν οἰκ

1744 Λέσβιος
    IG XII.3.1302,49
    Thera
    s.IIa.

1745 Λευκία
    Evangelides, no.2 p.247
    Dodona
    s.IVa.

1746 Λεύκιος
    IG IX.1².640b
    Naupactus
    c. med. s.IIa.
    οἰκογενής

1747 Λ[ευ]ξίμα
    Annuario, 1944-5, no.189
    Calymna
    s.IIp.

1748 Λέων
    IG IX.2.21,19
    Hypata
    c.130p.

1749 Λέων
    IG IX.2.19,4
    Hypata
    s.Ip.

1750 Λέων
    AE 1917 no.311 p.21
    Cyretiae
    s.Ia.

1751 Λήτη
    JHS 1913 p.320, no.12a
    Oloosson
    s.Ia./p.
    cf. IG IX.2.1295; and
    AE 1913 p.170

1752 Λίβανος
    AE 1917 no.305 p.12
    Cyretiae
    s.Ia.

1753 Λίβανος
    IG IX.1².624d,4
    Naupactus
    med. s.IIa.
    γένος Ἀραβα

1754 Λίβανος
    GDI 2184
    Delphi
    143/2a.
    τὸ γένος Σύρον

1755 Λίβυς
    GDI 2175
    Delphi
    142/1 or 141/0a.
    and see SEG 22 487
    τὸ γένος Λίβυς

1756 [Λ]ιβ[υσ]α
    IG IX.2.1344,8
    Larisa
    s.Ia./p.

1757 Λί[βυσσα]
    SEG 22 487
    Delphi
    s.IIa.
    and see GDI 2175

1758 Λιλ(αι)εύς
    FD III 3,316
    Delphi
    init. s.Ia.

1759 Λίχας
    ASAL, 60,II,no.31, p.93
    Epidaurus
    fin. s.IIIa.

1760 Λύδη
    IG II²1554, 53-56
    Athens
    c.330a.
    Λ. Ἀλωπεκῆ [οἴκου]
    ταλασιο

1761 Λυδός
    GDI 1965
    Delphi
    189/8a.
    freed under a paramone
    restriction

1762 Λύhιππος
    IG V.1.1232
    Taenarum
    init. s.IVa.

1763 Λύκα
    AE 1917 no.311 p.21
    Cyretiae
    s.Ia.

1764 Λύκα
    **GDI** 1975
    Delphi
    196/5a.
    freed under a paramone restriction

1765 Λύκα
    **GDI** 1963
    Delphi
    182/1a.

1766 Λύκα
    **GDI** 2243
    Delphi
    194/3a.

1767 Λυκίδ[ας]
    **IG** IX.1².627a
    Naupactus
    c. 152/1a.
    οἰκογενής

1768 Λυκῖνος
    **IG** II² 1574,10-12
    Athens
    fin. s.IVa.
    ἐν Σαλαμῖνι [οἰκῶν]

1769 Λυκίσκα
    **GDI** 1843
    Delphi
    175/4a.

1770 Λυκίσκος
    **IG** IX.2.290a
    Gomphi
    s.Ia./p.

1771 Λυκίσκος
    **GDI** 2055
    Delphi
    186/5a.

1772 Λυκίσκος
    **IG** IX.2.109,38
    Halos
    s.Ia./p.

1773 Λυκίσκος
    **FD** III 3,413
    Delphi
    fin. s.Ia.

1774 Λυκολέων
    **IG** V.2.274
    Mantinea
    s.Ia./p.

1775 [Λ]υκο[μήδης?]
    **IG** IX.2.1344,6
    Larisa
    s.Ia./p.

1776 Λύκος
    **IG** IX.2.1119,8
    Demetrias
    s.IIp.

1777 Λύκος
    **GDI** 2222
    Delphi
    143/2a.

1778 Λύκος
    **IG** IX.2.16,14
    Hypata
    132/3p.

1779 Λύκος
    **IG** IX.2.21,15
    Hypata
    c.130p.

1780 Λύκος
    **IG** IX.2.21,16
    Hypata
    c.130p.

1781 [Λ]ύκος
    **IG** IX.2.554,10
    Larisa
    s.Ia./p.

1782 Λύκος
    **IG** IX.2.224,7
    Angeae
    s.Ia./p.

1783 Λυκόφρων
    **IG** IX.2.1299,3
    Oloosson
    s.Ia./p.

1784 Λύκων
    **GDI** 2239
    Delphi
    187/6a.

1785 Λύκων
    **GDI** 1734
    Delphi
    163/2a. ?
    οἰκογενής

1786 Λυσάνδρα
    **BCH** 95 p.278, l.46
    Larisa
    140-130a.

1787 Λυσίας
    **FD** III 6,9
    Delphi
    init.s.Ip.
    freed under a paramone restriction

1788 Λυσίας
GDI 2020
Delphi
153/2-144/3a.

1789 Λυσίμαχος
GDI 2321
Delphi
c.50a. (?)
οίκογενής

1790 Λύσιον
GDI 1732         freed under
Delphi           a paramone
159/8a.  ?       restriction
τὸ γένος Ἀμβρυσσίαν

1791 Λύσισπος
GDI 1725
Delphi
167/6a.

1792 Λῦσις
IG II² 1567,15-16
Athens
fin. s.IVa.
ἐμ Πει οἰκ

1793 Λύσισκος
IG IX.2.109a,38
Halos
med. s.Ia.

1794 Λυσώ
GDI 1726         freed under
Delphi           a paramone
167/6a.          restriction

1795 Λυσώ
FD III 3,48      freed under
Delphi           a paramone
med. s.IIa.      restriction
οἰκογενής

1796 Λυσώ
GDI 1970
Delphi
190/89a.

1797 Μάγας
GDI 2174
Delphi
142/1 or 141/0a.
τὸ γένος Ἀράβα

1798 Μάης
IG IX.2.109a,74
Halos
med. s.Ia.

1799 Μαῖα
BCH 79 p.448, l.13
Scotussa
init. s.IIa.
and see SEG 15 370

1800 Μαῖα
BCH 59 p.53 l.13
Crannon
post. s.Ia.

1801 Μαισίρα
GDI 2119
Delphi
195/4a.
τὸ γένος Θραῖκια

1802 Μαιφάτας
GDI 1854         freed under
Delphi           a paramone
167/6a.          restriction
τὸ γένος Γαλάτας

1803 Μακαρ[ία]
AE no.1905 no.9 p.194
Thessaly

1804 Μακαρίς
IG IX.2.562,11
Larisa
s.I/IIp.?

1805 Μακε[δονία]
IG IX.2.563,13
Larisa
s.I/IIp.

1806 Μακεδών
IG IX.1².639,6
Naupactus
c. med. s.IIa.
τὸ γένος Ἀμφιπολίτας

1807 Μακεδών
IG IX.2.1268,46
Doliche?
med. s.IIp.

1808 Μαλθάκη
IG II²1558, 68-70
Athens
c.330a.
Μ. ταλασιουργὸν ἐγ
Κ[ει]ρ οἰκ

1809 Μάνης
IG II²1553,24-26
Athens
c.330a.
Μ. ✝αληρε οἰκῶν, γεωργός

1810 Μάνης
    IG II$^2$1554, 28-31
    Athens
    c.330a.
    Μ. Διόδ[ρ] ἐν Κολ[λ] οἴκῶ

1811 Μάνης
    GDI 1696
    Delphi
    153/2-144/3a.
    freed under a paramone
    restriction
    τὸ γένος Παφλαγόνα

1812 Μινθάνης
    GDI 2001
    Delphi
    c. 138/7a.

1813 Μανία
    IG II$^2$ 1570,45-47
    Athens
    fin. s.IVa.
    Μ. ἐν Κοίληι οἰκοῦσα

1814 [Μ]ανία
    IG II$^2$1569, 3-8
    Athens
    c.330a.
    Μ. ἐν Κολλυτῶι οἰκοῦσα

1815 Μάντα
    IG IX.2.474,7
    Atrax
    med. s.Ia.

1816 Μάντα
    IG IX.2.21,18
    Hypata
    c.130p.

1817 Μαξίμη
    IG IX.2.30
    Hypata
    s.Ia./p.

1818 Μάξιμος
    IG IX.2.21,18
    Hypata
    c.130p.

1819 Μάξιμος
    IG IX.2.548,10
    Larisa
    c.131/2p.

1820 Μαρκία
    REG 12 no.7, p.172
    Thessalonika
    224p.
    cf. Athena 12 p.72, no.3

1821 Μαρμάρμιν?
    Annuario 1944-5, no.163
    Calymna
    s.IIp.

1822 Μάροις
    GDI 1964
    Delphi
    181/0a.

1823 Μαρσύας
    SEG 12 314    freed under
    Beroea    a paramone
    a.235    restriction

1824 Μ[αρ]ων
    AE 1917 no.305 p.12
    Cyretiae
    s.Ia.

1825 Μαστώ
    RevPhil 10 (1936)
    no.XLIV, p.152
    Larisa?
    s.IIIa.

1826 Ματρίχα
    BCH 35 p.232 l.6
    Atrax
    s.Ia./p.

1827 [Μα]χάπολις?
    IG IX.2.1232,27
    Phalanna
    s.I/IIp.

1828 Μεγειστείων
    IG IX.2.359b
    Pagasae
    s.I/IIp.

1829 Μέγιστα
    IG IX.2.109a,32
    Halos
    med. s.Ia.

1830 Μέγιστα
    IG IX.2.109a,9
    Halos
    med. s.Ia.

1831 Μεγιστώ
    IG IX.2.463,22
    Crannon
    med. s.Ia.

1832 Μεινᾶς
    IG IX.2.414b,8
    Pherae
    s.I/IIp.

1833 Μελαινίς
  BCH 79 p.446 l.4
  Scotussa
  c.136a.
  and see SEG 15 370

1834 Μελαινίς
  IG II²1568, 24-26
  Athens
  c.330a.
  ἐμ Π[ειραι οἰκοῦσα]

1835 Μελέτα
  IG IX.2.109b,57
  Halos
  med. s.Ia.
  freed under a paramone restriction

1836 Μέλισσα
  BCH 59 p.52 l.28
  Crannon
  post. s.Ia.

1837 [Μ]έλι[σσ]α
  AE 1924 no.401 p.158
  Pythium
  s.Ia.

1838 Μέλισσα
  GDI 1699
  Delphi
  153/2-144/3a.
  ἐνδογενής

1839 Μέλισσα
  FD III 3,8
  Delphi
  157/6a.
  freed under a paramone restriction

1840 Μελίτα
  GDI 1951
  Delphi
  185/4a.
  τὸ γένος Λυδά

1841 Μελίτεια
  GDI 2139
  Delphi
  189/8a.

1842 Μελίτη
  IG IX.2.287c,4
  Gomphi
  s.Ia./p.

1843 Μελιτίνη
  IG IX.2.21,8
  Hypata
  c.130p.

1844 Μέλιττα
  IG II²1576, 15-20
  Athens
  c.330a.
  Μ. ἐμ Μελίτει οἰκο λιβανωτό

1845 Μελίτων
  IG VII 3350
  Chaeronea
  s.IIa.

1846 Μελίτων
  IG VII 3349
  Chaeronea
  s.IIa.

1847 Μέμνων
  BCH 66-7 p.81 no.8
  Delphi
  med. s.IIa.
  ἐνδογενής(?)

1848 Μένανδρος
  BCH 68-9 p.111 no.22
  Delphi
  med. s.IIa.

1849 Μένανδρος
  IG IX.2.1042,49
  Gonnus
  aetate Flaviorum
  see also Gonnoi, p.164, no.139

1850 Μένανδρος
  IG IX.2.73,4
  Lamia
  s.Ia./p.

1851 Μένανδρος
  IG IV² 355
  Epidaurus
  s.IIIa.

1852 Μένανδρος
  FD III 3,13
  Delphi
  156/5a.
  τὸ γένος Φρύγα

1853 Μένανδρος
  AE 1945-7 p.110, no.59, l.9
  Perrhaebia

1854 Μ[ενέδ?]ημος
  IG IX.2.564,6
  Larisa
  s.Ia.

1855 Μενεκλῆς
IG II² 1570,74-77
Athens
fin. s.IVa.
ἐμ Ἡ[ειρ οἴκ]

1856 Μενεκράτης
BCH 95 p.562, l.17
Larisa

1857 Μενεκράτης
IG IX.2.463,19
Crannon
med. s.Ia.

1858 Μενεκράτης
FD III 3,294
Delphi
med. s.Ia.

1859 Μενέλαος
IG IX.2.16,3
Hypata
c.130p.

1860 Μενεστράτα
GDI 2286
Delphi
140/39a.
οἰκογενής

1861 Μενεστράτη
IG II²1576, 61-64
Athens
c.330a.
Μ. ἐμ Πειρ οἴκο ταλασιο

1862 Μενηδύλα
GDI 2115
Delphi
40a. -18p.
οἰκογενής

1863 Μένιος
IG II²1554, 57-60
Athens
c.330a.
διάκον

1864 Μενίππη
IG II² 1555,14-20
Athens
fin. s.IVa.
ταλασι

1865 Μένιππος
IG IV² 378
Epidaurus
s.IIIa.

1866 Μενίσκος
IG IX.2.133
Pyrasos
181/0a.

1867 [Με]νουνεία
IG IX.2.414b,17
Pherae
s.Ia./p.

1868 Μενω[ν]
IG II²1560, 26-28
Athens
c.330a.

1869 Μεσώ
IG II²1558, 53-54
Athens
c.330a.
ἱσοτελῆς Μ. ταλα
[Ἀλω]πεκῆσιν οι

1870 Μήδα
GDI 1708      freed under
Delphi          a paramone
160/59a.     restriction

1871 Μή[δεια]
AE 1917 no.320 p.36
Cyretiae
s.Ip.

1872 Μῆδος
GDI 1822
Delphi
163/2a. ?

1873 Μῆδος
FD III 2,219
Delphi
138/7a.
τὸ γένος Μῆδον

1874 Μηνᾶς
GDI 1906
Delphi
155/4a.
τὸ γένος Βειθυνόν

1875 Μηνιᾶς
IG IX.1².640a
Naupactus   freed under
med. s.IIa.  a paramone
                restriction
τὸ γένος Φρυγίαν

1876 Μήνιος
GDI 2042
Delphi
197/6a.
τὸ γένος Λευκανόν

1877 [Μη]νίσκο[s]
   IG IX.2.551b,16
   Larisa
   s.Ia.

1878 Μηνογένης
   FD III 4,71   freed under
   Delphi        a paramone
   init. s.Ia.   restriction

1879 Μηνόδοτος
   JOAI Beibl. 14,
   p.146, l.18
   Argive Heraeum
   fin. s.IIa.

1880 Μηνόδωρος
   FD III 3,265
   Delphi
   init. s.Ia.
   τὸ γένος Καπάδος

1881 Μην[ό]δωρος
   AE 1924 no.400 p.156
   Pythium
   s.Ia.

1882 Μηνόφιλα
   IG IX.2.109a,24
   Halos
   med. s.Ia.

1883 Μηνόφιλος
   GDI 2289
   Delphi
   143/2a.
   τὸ γένος Φρύγα

1884 Μηνόφιλος
   Polemon B'Parart p.15
   no.18
   Thaumakoi
   s.Ia.

1885 [Μ]ηνόφιλος
   IG IX.2.540,11
   Larisa
   med. s.Ia.

1886 Μηνόφιλος
   GDI 2027
   Delphi
   177/6a.
   τὸ γένος ἐκ Πιονιᾶς

1887 Μηνόφιλος
   GDI 1851
   Delphi
   166/5a.
   τὸ γένος Κα[π]πάδοκα

1888 [Μ]ητραδώρα
   IG IX.2.1116b
   Demetrias
   s.IIp.

1889 Μητρόδωρος
   FD III 3,12   freed under
   Delphi        a paramone
   161/0a.?      restriction

1890 Μίδας
   Ditt-Purg. p.31, no.12
   Olympia
   s.Va.?

1891 Μίδας
   IG II²1561, 22-25
   Athens
   c.330a.
   Μ. ἐμ Μελίτηι οἰκῶν
   σησαμοπώλη

1892 Μιθραδά[τ]ης
   GDI 1799
   Delphi
   174/3a.
   freed under a paramone
   restriction
   τὸ γένος Καππάδοκα

1893 Μιθράκης
   IG XII.3.337,6
   Thera
   s.IIa.

1894 Μίκκα
   IG IX.2.77
   Lamia
   s.Ia./p.

1895 Μίκκα
   GDI 1736
   Delphi
   163/2a.   ?

1896 Μικκύλος
   FD III 2,233
   Delphi
   137/6a.?
   freed under a paramone
   restriction

1897 Μικυλίων
   IG IV.529
   Argos
   s.IIIa.

1898 Μιλησία
   GDI 2013
   Delphi
   190/89a.

1899 Μιννίων
> Annuario, 1944-5, no.177
> Calymna
> s.IIp.

1900 Μνασέας
> IG IX.1².102
> Phistyum
> med. s.IIa.
> οἰκογενής

1901 Μνασίας
> GDI 2031
> Delphi
> 182/1a.

1902 Μνασώ
> GDI 1767     freed under
> Delphi       a paramone
> 167/6a.      restriction

1903 Μνασώ
> BCH 59 p.202 l.6
> Daulis
> init. s.IIa.
> freed under a paramone
> restriction

1904 Μνασώ
> GDI 2097
> Delphi
> 137/6a.?
> see also IG IX.1².705

1905 Μνάσω
> IG II²1556, 39-41
> Athens
> c.330a.
> [σ]κυτο[τ]όμο ἐν
> Με[λιτ] οἰκõν

1906 Μνῆς
> FD III 3,363   freed under
> Delphi         a paramone
> fin. s.Ia.     restriction

1907 Μ[νησάρχ]η?
> AE 1924 no.401 p.158
> Pythium
> s.Ia.

1908 Μνησιθέα
> IG II²1554, 14-17
> Athens
> c.330a.
> Μ. ἐμ Πει οἰκο ταλα

1909 [Μ]οιρώ
> IG IX.2.13
> Hypata
> c. 47p.

1910 Μοναρχία
> Annuario, 1944-5, no.176a
> Calymna
> s.IIp.

1911 Μοσκίων
> IG IX.2.75,14
> Lamia
> c.140a.

1912 Μόσχιον
> GDI 2156 and 2157
> Delphi
> 40a. -18p.
> freed under a paramone
> restriction

1913 Μόσχιον
> IG IX.2.474,13
> Atrax
> med. s.Ia.

1914 Μοσχίων
> IG XII.3.336,13
> Thera
> s.IIIa.

1915 Μοσχίων
> IG II²1559, 36-39
> Athens
> c.330a.
> Μ. ἐμ Πειρ ο[ἰκ]ῶ εμπορο

1916 Μοσχίων
> IG IV.529
> Argos
> s.IIIa.

1917 Μ[ό]σ[χ]ο[ς]
> AE 1913 p.166
> Pythium
> s.Ia./p.
> cf. IG IX.2.1284

1918 Μόσχος
> IG II²1558, 73-74
> Athens
> c.330a.
> Μ. παιδίον ἐγ Κει οἰκ

1919 Μόσχος
> AE 1952 p.194, no.25
> Oropos (Amphiareon)
> s.IIIp. prior
> see also SEG 15 293;
> SEG 24 348
> freed under a paramone
> restriction

1920 Μου[σ]αῖος
> IG IX.2.568,14
> Larisa
> s.II/Ia.

1921 Μουσίς
:   IG IX.2.109b,57
    Halos
    med. s.Ia.
    freed under a paramone
    restriction

1922 Μοῦσις
:   FD III 6,51
    Delphi
    med. s.Ia.
    freed under a paramone
    restriction

1923 Μουσίς
:   FD III 3,5    freed under
    Delphi        a paramone
    med. s.IIa.   restriction
    τὸ γένος [ἐκ Κο]ρωνείας

1924 Μοῦσις
:   BCH 22 p.32, no.24
    Delphi
    84/3-60/59a.
    τὸ γένος Βοιωτά

1925 [Μ]υσ[ίς]
:   IG IX.2.256b
    Pharsalus
    s.Ip.

1926 Μύστα
:   IG IX.2.1232,17
    Phalanna
    s.I/IIp.

1927 Μῶμος
:   IG II²1556, 33-35
    Athens
    c.330a.
    σκυλο[δ]εψον ἐν Κυδαθ
    οἰκῶν[τ]α

1928 Ν[α]ΐ[ς]
:   AE 1917 p.120, no.334
    Cyretiae
    cf. AE 1917 no.326.

1929 Νάνα
:   IG IX.2.550,5
    Larisa
    s.Ia./p.

1930 Νά[να]
:   IG IX.2.568,12
    Larisa
    s.II/Ia.

1931 Ναυπλία
:   IG IV 530
    Argive Heraeum
    s.III/IIa.?

1932 Νέα
:   AE 1916 no.282 p.75
    Oloosson
    s.IIp.

1933 Νεαρέτα
:   IG V.1.1230
    Taenarum
    med. s.Va.

1934 Νείκανδρος
:   IG IX.2.1302
    Oloosson
    s.IIp.

1935 Νείκαρχος
:   GDI 1931
    Delphi
    fin. s.IIa.
    ἐνδογενής

1936 Νείκη
:   IG IX.2.289c
    Gomphi
    132/3p.

1937 Νείκη
:   AE 1917 no.317 p.32
    Cyretiae
    c. 100p.

1938 Νείκη
:   Annuario, 1944-5, no.198
    Calymna
    s.IIp.

1939 Νείκη
:   Annuario, 1944-5, no.195
    Calymna
    s.IIp.

1940 Νείκη
:   AE 1905 no.9 p.194
    Thessaly

1941 Νείκη
:   SEG 12 315
    Edessa
    237/8p.

1942 Νείκη
:   IG IX.2.562,8
    Larisa
    s.I/IIp.?

1943 Νεικηφό[ρ]ος
:   AE 1917 no.309 p.18
    Cyretiae
    s.Ia.

1944 Νεικόκ[λα]ς
   AE 1916 no.255 p.75
   Oloosson
   fin. s.Ia.

1945 Νε[ι]κοπόλις
   AE 1913 p.170
   Oloosson
   s.Ia./p.
   cf. IG IX.2.1295

1946 Νεικόπολις
   IG IX.2.1268,41
   Doliche?
   med. s.IIp.

1947 Νεικώ
   FD III 6,123
   Delphi
   med. s.Ip.

1948 Νέμεσις
   IG IX.2.21
   Hypata
   c.1.30p.

1949 Νέ[ω]ν
   AE 1917 no.305 p.12
   Cyretiae
   s.Ia.

1950 Νέων
   GDI 1923
   Delphi
   162/1a.   ?
   freed under a paramone
   restriction

1951 Νέων
   GDI 1772
   Delphi
   170/69a.

1952 Νηρ[εύ]ς
   IG IX.2.555,19
   Larisa
   s.Ia./p.

1953 Νηρηίς
   FD III 1,141
   Delphi
   med. s.Ip.

1954 Νηρηίς
   FD III 6,62
   Delphi         freed under
   s.Ip.          a paramone
                  restriction

1955 Νίκα
   IG IX.2.72,9
   Lamia
   s.Ia./p.

1956 Νικαγόρα
   IG IX.1².639,12
   Naupactus
   c. med. s.IIa.
   freed under a paramone
   restriction
   οἰκογενής

1957 Νίκαια
   GDI 2116
   Delphi
   200/199a.
   τὸ γένος 'Ρωμαίαν

1958 Νίκαια
   GDI 2103
   Delphi
   93/2-81/0a.

1959 Νίκαια
   GDI 2133
   Delphi
   183/2a.
   Θε[σσα]λὰν ἐξ Σκοτούσσας

1960 Νίκαια
   AE 1930 no.1 p.176
   Larisa
   s.Ia./p.

1961 Νίκαια
   GDI 2255
   Delphi
   84/3-60/59a.
   οἰκογενής

1962 Νίκαια
   GDI 2280
   Delphi
   160/59a.?

1963 Νίκαια
   GDI 2257
   Delphi
   84/3-60/59a.
   οἰκογενής

1964 Νίκαια
   GDI 2260
   Delphi
   153/2-144/3a.

1965 Νικαία
   GDI 2004
   Delphi
   190/83a.
   οἰκογενής

1966 Νικαία
   GDI 1858
   Delphi
   153/2-144/3a.
   οἰκογενής

1967 Νίκαια
    FD III 2,218
    Delphi
    138/7a.
    ένδογενής

1968 Νικαία
    GDI 2025
    Delphi
    189/8a.

1969 Νικαία
    GDI 2068
    Delphi
    194/3a.

1970 Νικαία
    GDI 1806
    Delphi
    171/0a.

1971 Νικαία
    GDI 1689
    Delphi
    157/6a.
    freed under a paramone
    restriction
    τὸ γένος ἐξ Ἀργεθίας

1972    Νικαῖος
        FD III 3,42
        Delphi
        med. s.Ia.

1973    Νίκαιος
        ΑΕ 1930 no.1 p.176
        Larisa
        s.Ia./p.

1974    Νίκαιος
        BCH 70 p.447, l.42
        Scotussa
        c.135a.
        and see SEG 15 370

1975    Νίκανδρο[ς]
        IG IX.2.206,Ib,6
        Melitea
        med. s.Ia.

1976    Νίκανδρος
        IG IX.2.72
        Lamia
        s.Ia./p.

1977    Νίκανδρος
        GDI 1990
        Delphi
        196/5a.
        τὸ γένος Λάκων

1978 Νίκανδρος
    FD III 3,433
    Delphi          freed under
    49/8a.          a paramone
                    restriction

1979 Ν[ίκαν]δρος
    IG IX.2.544,21
    Larisa
    c. 11/2p.

1980 Νίκανδρος
    IG II² 1567,19-20
    Athens
    fin. s.IVa.

1981 Νικάνωρ
    IG IX.2.73,10
    Lamia
    s.Ia./p.

1982 Νικάνωρ
    GDI 2197
    Delphi
    153/2-114/3a.
    οἰκογενής

1983 Νικάνωρ
    BCH 70 p.447, l.36
    Scotussa
    c.135a.
    and see SEG 15 370

1984 Νικάριος
    IG XII.3.1302,39
    Thera
    s.IIa.

1985 [Νι]κ[α]ρί[σ]τη
    ΑΕ 1917 no.319 p.35
    Cyretiae
    s.Ip.

1986 Νικαρίστη
    IG II²1558, 84-86
    Athens
    c.330a.

1987 Νικαρχίδας
    GDI 1765
    Delphi
    165/4a.  ?

1988 Νικαρχίδας
    IG V.1.1232
    Taenarum
    s.IVa.

1989 Νικαρχίς
    FD III 2,128
    Delphi
    fin. s.IIa.
    τὸ γένος Θρ[α]ῖσαν

1990 Νίκαρχις
GDI 2317
Delphi
84/3-60/59a.

1991 Νίκαρχις
FD III 6,95
Delphi
init. s.Ia.

1992 Νίκαρχος
FD III 3,412
Delphi       freed under
fin. s.Ia.   a paramone
οἰκογενής    restriction

1993 Νικασίας
IG IX.2.72,5
Lamia
s.Ia./p.

1994 Νικασίβουλος
GDI 2160
Delphi
139/8-122/1a.

1995 [Ν]ικασίλας
JOAI Beibl. 14, p.146,
l.21
Argive Heraeum
fin. s.IIa.

1996 Νικάσιον
IG IX.1.194   freed under
Tithora       a paramone
init. s.IIa.  restriction

1997 Νικάσιον
GDI 2130
Delphi
192/1a.
τὸ γένος Τρωνίδα

1998 Νικάσιον
IG IX.1².632
Naupactus
c. 153/2a.
οἰκογενής

1999 Νικάσιον
FD III 2,123
Delphi
138/8-122/1a.
οἰκογενής

2000 Νικασώ
GDI 1850
Delphi
176/5a.

2001 Νικασώ
GDI 1868
Delphi
176/5a.

2002 Νικασώ
GDI 2015
Delphi
180/79 or 179/8a.
freed under a paramone
restriction

2003 Νικάτουρ
IG IX.2.553,24
Larisa
s.Ia.

2004 Νικέας
GDI 2068
Delphi
194/3a.

2005 Νίκη
Deltion 11 no.5 p.59
Larisa

2006 Νίκη
BSA 41 p.113, no.25
Beroea

2007 Νίκη
IG IX.2.474,44
Atrax
med. s.Ia.

2008 Νίκη
IG IX.2.415a,41
Pherae
med. s.Ia.

2009 Νίκη
AE 1932 Chronika p.21,
l.7
Thebae Phthiotides
c.131/2p.

2010 Νίκη
Annuario, 1944-5,
no.163
Calymna
s.IIp.

2011 Νικήφορος
Annuario, 1944-5,
no.163
Calymna
s.IIp.

2012 Νικηφ[ό]ρος
AE 1917 no.332 p.118
Cyretiae
20/19a.

2013 Νικηφόρος
IG IX.2.71,3
Lamia
s.Ia./p.

2014 Νικηφόρος
IG IX.2.19,5
Hypata
s.Ip.

2015 Νικηφόρος
IG IX.2.71,8
Lamia
s.Ia./p.

2016 Νικηφόρος
IG IX.2.206,1b,5
Melitea
med. s.Ia.

2017 Νι[κ]ηφόρος
AE 1913 p.152b
Cyretiae
s.Ip.
but see IG IX.2.349b

2018 Νικηφόρος
FD III 6,102
Delphi
121-108a.

2019 Νικία
IG XII.3.1302,32
Thera
s.IIa.

2020 Νικίας
Annuario, 1944-5, no.203
Calymna
s.IIp.

2021 Νικίας
IG II²1558, 37-43
Athens
c.330a.
Λιβανώτο ἐμ [Π]ει οἰκ[ῶ]ν

2022 Νικίας
FD III 3,294
Delphi
med. s.Ia.
οἰκογενής
freed under a paramone restriction

2023 Νικίας
IG IX.2.109b,57
Halos
med. s.Ia.
freed under a paramone restriction

2024 Νικίας
GDI 1784
Delphi
166/5a.
freed under a paramone restriction

2025 Νικίας
GDI 1728
Delphi
1·7/5a.

2026 Νικίας
FD III 3,223
Delphi
137/6a.?
freed under a paramone restriction

2027 Νίκιππος
IG II²1569, 65-68
Athens
c.330a.

2028 Νῖκις
FD III 6,97
Delphi
fin. s.IIa.
ἐνδογενής

2029 Νικοβούλα
FD III 3,303 and 304
Delphi
init. s.Ip.
freed under a paramone restriction
apolysis from paramone
οἰκογενής

2030 Νικοβούλα
FD III 3,205
Delphi
141/0a.?

2031 Νικόβουλος
GDI 2026
Delphi
149/8a.

2032 Νικόβουλος
GDI 1984
Delphi
193/2a.
freed under a paramone restriction

2033 Νικόλαος
IG IX.2.553,30
Larisa
s.Ia.

2034 Νικόλαος
AE 1932 Chronika, p.24, l.16
Larisa
s.Ia./p.

2035 Νικομάχα
GDI 2262
Delphi
153/2-144/3a.
οἰκογενής

2036 Νικομάχη
    IG V.2.342a
    Mantinea
    s.I/IIp.

2037 Νικόμαχος
    GDI 1987
    Delphi
    175/4a.
    τὸ γένος ἐξ Ἀθαμανίας

2038 Νικομήδεα
    Annuario, 1944-5, no.154
    Calymna
    s.IIp.

2039 Νικομήδης
    FD III 6,51
    Delphi
    med. s.Ia.
    freed under a paramone restriction

2040 Νικοπό[λεια]
    IG V.2.342a
    Mantinea
    s.I/IIp.

2041 [Ν]ικόπολις
    IG IX.2.325a
    Aeginium
    med. s.IIp.

2042 Νικόπολις
    Gonnoi p.165, no.140
    Gonnus
    fin. s.Ip.
    but see IG IX.2.1042,II, l.50

2043 Νικοστράτα
    BCH 68-9 p.109 no.19
    Delphi
    177/6a.
    οἰκογενής

2044 Νικοστράτα
    GDI 1856
    Delphi
    173/2a.

2045 Νικοστράτα
    IG IX.1$^2$.755b,8
    Amphissa    freed under
    s.Ip.    **a paramone**
    οἰκογενής    restriction

2046 Νικοστράτα
    IG IX.1$^2$.685
    Physcus
    med. s.IIa.
    freed under a paramone restriction

2047 Νικοστράτα
    FD III 6,92
    Delphi
    fin. s.IIa.
    ἐνγογενής

2048 Νικοστράτα
    GDI 2306
    Delphi
    139/8-122/1a.
    ἐνδογενής

2049 Νικόστρατος
    GDI 1864
    Delphi
    176/5a.
    οἰκογενής

2050 Νικόστρατος
    GDI 1908
    Delphi
    154/3a.
    τὸ γένος ἐξ Ἄνεος

2051 Νικόστρατος
    IG IX.1$^2$.755a,9
    Amphissa    freed under
    s.Ip.    a paramone
    οἰκογενής    restriction

2052 Νικόστρατος
    GDI 2068
    Delphi
    194/3a.
    τὸ γένος Λάκαινα

2053 Νικόστρατος
    FD III 3,333
    Delphi
    init. s.Ip.

2054 Νικοφορίς
    IG V.1.1232
    Taenarum
    s.IVa.

2055 Νικώ
    GDI 1719    freed under
    Delphi    a paramone
    161/0a. ?    restriction
    τὸ γένος Θραῖσ[σ]α

2056 Νικώ
    IG VII 3331
    Chaeronea
    s.IIa.

2057 Νικώ
    FD III 3,318 and 319
    Delphi
    fin. s.Ia.
    freed under a paramone restriction
    apolysis from paramone

2058 Νικώ
   IG VII 3358
   Chaeronea
   s.IIa.
   freed under a paramone
   restriction

2059 Νίκων
   GDI 2024
   Delphi
   189/8a.

2060 Νίκων
   GDI 1976
   Delphi
   183/2a.

2061 Νίκων
   GDI 1861
   Delphi
   167/6a.
   τὸ γένος Φωκῆ

2062 Νίκων
   IG II²1561, 31-34
   Athens
   c.330a.
   ἐν Κ[ολ]λυτῶι [οἰκῶν]
   ὑπογραμ

2063 Νίκων
   IG VII 3322      freed under
   Chaeronea       a paramone
   s.IIa.          restriction

2064 Νίκων
   GDI 2070
   Delphi
   189/8a.
   τὸ γένος Μεγαρέα

2065 Νίκων
   Hesperia 37 p.370 line 24
   Athens
   c. 330a.
   ἐγ Κολλυτῶι οἰκοῦν
   ταριχοπώλην

2066 Νίκων
   IG IX.1.188
   Tithora
   init. s.IIa.

2067 Νιλίων
   IG IX.1².618,5
   Naupactus
   init. s.IIa.

2068 Νιουμώ
   IG VII 3204
   Orchomenos

2069 Νόημα
   IG IX.1².638,5
   Naupactus
   c. med. s.IIa.
   τὸ γένος Θραῖσσαν

2070 Νόμιος
   IG IX.2.206,11b,20
   Melitea
   med. s.Ia.

2071 Νουία
   GDI 2227     freed under
   Delphi       a paramone
   187/6a.      restriction

2072 Νούιος
   IG IX.1².619
   Naupactus
   init. s.IIa.

2073 Νουμήνιος
   IG IX.1².630
   Naupactus
   s.IIa.
   τὸ γένος Σύρον

2074 Νουμήνιος
   FD III,3,316
   Delphi
   fin. s.Ia.
   τὸ γένος Αἰλαιεύς

2075 Νουμήνιος
   GDI 2275
   Delphi
   153/2-144/3a.
   τὸ γένος Σύρον

2076 [Νου]μήνιος
   AE 1917 no.316 p.31
   Cyretiae
   s.Ip.

2077 Νουμήνιος
   FD III 1,566
   Delphi        freed under
   fin. s.IIa.   a paramone
   οἰκογενής     restriction

2078 Νουμήνιος
   FD III 3,411
   Delphi
   fin. s.Ia.
   freed under a paramone
   restriction

2079 Νοῦς
   IG IX.2.414b,10
   Pherae
   s.I/IIp.

2080 Νικρίας
  Ditt.-Purg. p.31, no.12
  Olympia
  s.Va.?

2081 Νῦσα
  GDI 1900
  Delphi
  154/3a.

2082 Νῦσα
  FD III 3,3    freed under
  Delphi        a paramone
  163/2a.?      restriction

2083 Νύσας
  GDI 1695
  Delphi
  153/2-144/3a.
  ἐνδογενής

2084 Ξα[νθη]
  AE 1923 p.145, no.377,14
  Doliche?
  s.IIp.
  cf. IG IX.2.1270

2085 Ξενίσκα
  IG IX.1².686
  Physcus
  s.IIa.
  freed under a paramone
  restriction

2086 Ξενοκλῆς
  GDI 2129
  Delphi
  192/1a.
  τὸ γένος Λάκωνας

2087 Ξενοκράτεα
  SEG 2 310     freed under
  Delphi        a paramone
  s.Ia.         restriction
  οἰκογενής

2088 Ξενοκράτεα
  FD III 3,296 (and 305?)
  Delphi
  fin s.Ia./init. s.Ip
  freed under a paramone
  restriction
  οἰκογενής

2089 Ξενοκράτεα
  FD III 3,305 (and 296?)
  Delphi
  init. s.Ip.
  οἰκογενής

2090 Ξενοκράτης
  IG IX.2.19,11
  Hypata
  s.Ip.

2091 Ξενοκρίτας
  IG IX.2.207h
  Melitea
  s.I/IIp.

2092 Ξενομένης
  GDI 2026
  Delphi
  189/8a.

2093 Ξενώ
  GDI 2059
  Delphi
  196/5a.

2094 Ξένων
  GDI 2041
  Delphi
  197/6a.

2095 Ξένω[ν]
  IG IX.2.30
  Hypata
  s.Ia./p.

2096 Ξένων
  GDI 2072
  Delphi
  c.200a.
  freed under a paramone
  restriction

2097 Ξένων
  FD III 3,312
  Delphi
  fin. s.Ia.

2098 Ξένων
  SEG 2 305
  Delphi
  s.Ia.

2099 Ξένων
  IG IX.1.39
  Stiris
  init. s.IIa.
  freed under a paramone
  restriction

2100 Ξένων
  BCH 79 p.446, l.13
  Scotussa
  c.136a.
  and see SEG 15 370

2101 Ὀηνσαγόρας
JOAI Beibl. 14, p.146,
l.23
Argive Heraeum
fin. s.IIa.

2102 Οἰκονομία
IG IX.2.21,6
Hypata
c.130p.

2103 Οἰ[κουμ]ένη?
IG IX.2.474,39
Atrax
med. s.Ia.

2104 Ὀλβία
IG IX.2.414b,6
Pherae
s.I/IIp.

2105 Ὀλβιᾶ
IG IX.2.568,20
Larisa
s.II/Ia.

2106 Ὀλβία
GDI 1795
Delphi
175/4a.

2107 Ὀλβία
IG IX.2.1232,12
Phalanna
s.I/IIp.

2108 Ὀλ[υ]μπιάς
IG II² 1557,76-79
Athens
c.330a.
ταλασι ἐν Κυδα οἰκοῦ

2109 Ὀλυμπιάς
IG IX.2.75,10
Lamia
c.140a.

2110 Ὀλυμπιάς
GDI 1856
Delphi
173/2a.
τὸ γένος Περραιβᾶς

2111 Ὀλυμπιόδωρος
IG IX.2.206,Ib,16
Melitea
med. s.Ia.

2112 Ὀλυμπιόδωρος
Polemon B'Parart p.15
no.18
Thaumakoi
s.Ia.

2113 Ὀλύμπις
IG II²1570, 88-86
Athens
c.330a.
ἐμ Μ[ελίτηι οἰκ]

2114 Ὄλυμπος
IG II² 1567,9-10
Athens
fin. s.IVa.
ἐν Σκαμβω οἰκ

2115 Ὀμβρίας
IG V.2.429
Phigalea
s.Va.

2116 Ὀμει[λ]ία
IG IX.1.36
Stiris
init. s.IIa.

2117 Ὁμολωίς
Deltion 2 p.220,
line 29
Coronea
freed under a paramone
restriction

2118 Ὁμολωίς
IG VII 3345
Chaeronea
s.IIa.

2119 Ὀνασικλῆς
IG IX.1².419,1
Oeniadae
s.IIIa.

2120 Ὀνασικρατίς
SEG 22 485
Delphi
s.IIa.
ἐνδογενής

2121 Ὀνάσιμος
IG IX.1².419,1
Oeniadae
s.IIIa.

2122 Ὀνάσιμος
IG IX.1².639,3
Naupactus
c. med. s.IIa.
τὸ γένος Μακεδόνα

2123 Ὀνάσιμος
GDI 2137
Delphi
139/8a.
τὸ γένος Σύρον

2124 'Ον[άσι]μος
    IG VII 1780,5
    Thespiae
    s.IIIa.
    freed under a paramone
    restriction

2125 'Ονάσιμος
    Deltion 2 p.224, line 5
    Coronea
    freed under a paramone
    restriction

?126 'Ονάσιμος
    FD III 3,404
    Delphi
    fin. s.Ia.

2127 'Ονάσιον
    FD III 3,206
    Delphi
    161/0a.?

2128 'Ονασις
    IG IX.2.206,IIb,7
    Melitea
    med. s.Ia.

2129 'Ονασιφόρον
    IG IX.1.192
    Tithora
    init. s.IIa.
    freed under a paramone
    restriction

2130 'Ονασιφόρον
    SEG 12 248
    Delphi
    s.Ia.
    freed under a paramone
    restriction

2131 'Ονασιφόρον
    FD III 3,174
    Delphi
    init. s.Ia.
    οἰκογενής

2132 'Ονασιφόρον
    FD III 1,138
    Delphi
    med. s.Ip.

2133 'Ονασιφόρον
    FD III 6,36
    Delphi
    init. s.Ip.
    οἰκογενής
    freed under a paramone restriction

2134 'Ονασιφόρον
    FD III 6,51
    Delphi
    med. s.Ia.

2135 'Ονασίφορον
    FD III 3,392
    Delphi
    med. s.Ia.
    freed under a paramone
    restriction

2136 ['Ονα]σίφορον
    FD III 3,404
    Delphi
    fin. s.Ia.

2137 'Ονασίφορον
    FD III 3,303 and 304
    Delphi
    init. s.Ip.
    freed under a paramone
    restriction
    οἰκογενής

2138 'Ονασίφορον
    FD III 3,309
    Delphi
    fin. s.Ia.

2139 'Ονασίφορον
    FD III 3,313
    Delphi
    init. s.Ip.
    freed under a paramone
    restriction
    οἰκογενής

2140 ['Ονα]σίφορον?
    FD III 6,113
    Delphi
    med. s.Ia.

2141 'Ονασίφορον
    FD III 6,116
    Delphi
    med. s.Ia.

2142 'Ονασίφορον
    FD III 6,109
    Delphi
    fin. s.Ip.?

2143 'Ονασίφορον
    FD III 6,115
    Delphi
    11/0a.?

2144 'Ονασίφορον
    FD III 6,63
    Delphi
    init. s.Ip.

2145 'Ονασίφορον
    FD III 3,377
    Delphi
    fin. s.Ia.
    freed under a paramone restriction

2146 Ὀνασίφορον
  GDI 2324
  Delphi

2147 Ὀνασίφορον
  FD III 3,267
  Delphi
  med. s.Ia.

2148 Ὀνασίφορον
  GDI 2267
  Delphi
  53/2-39/8a.
  freed under a paramone
  restriction

2149 Ὀνασίφορον
  FD III,6,53
  Delphi
  med. s.Ip.
  freed under a paramone
  restriction

2150 Ὀνασίφορον
  SEG 12 255
  Delphi
  s.Ip.
  freed under a paramone
  restriction

2151 Ὀνασίων
  BCH 79 p.447, l.29
  Scotussa
  c.136a.
  and see SEG 15 370

2152 Ὄνασος
  GDI 1776
  Delphi
  166/5a.
  freed under a paramone
  restriction

2153 Ὀνασώ
  GDI 2044
  Delphi
  197/6a.
  τὸ γένος Λάκαιναν

2154 Ὀνασώ
  FD III 4,78
  Delphi
  fin. s.Ip.
  freed under a paramone
  restriction

2155 [Ὀ]νησᾶς
  FD III 1,139
  Delphi
  med. s.Ip.
  and FD III 6,64?

2156 [Ὀ]νησᾶς
  FD III 6,64
  Delphi
  init. s.Ip.
  and FD III 1,139?

2157 Ὀνησίκυπρος
  ASAL, 60,II,no.14, p.91
  Epidaurus
  s.IIIa.
  cf. IG IV$^2$ 367

2158 Ὀνησίμα
  Insc. Jurid. Grec. II
  p.250 no.14
  Skydra
  273p.

2159 Ὀνησίμη
  AE 1924 no.417 p.187
  Pythium
  s.IIIp.

2160 Ὀνησίμη
  IG II$^2$1554, 40-43
  Athens
  c.330a.
  Ο. ὀνσα[μ]όπωλ Ἁλωπ
  οἴκου

2161 Ὀνήσιμος
  IG II$^2$1555, 21-22
  Athens
  c.330a.
  μάγειρ[ος]

2162 Ὀνήσιμος
  AE 1924 no.417 p.187
  Pythium
  s.IIIp.

2163 Ὀνήσιμος
  AE 1917 no.310 p.20
  Cyretiae
  s.Ia.

2164 Ὀ[νήσι]μος
  IG IX.2.28
  Hypata
  s.Ia./p.

2165 Ὀνή[σιμος?]
  IG IX.2.15
  Hypata
  c.40p.

2166 Ὀνή[σιμος?]
  IG IX.2.1107a
  Magnesia
  s.IIp.?

2167 Ὀνήσιμος
BCH 35 p.232 l.8
Atrax
s.Ia./p.

2168 Ὀνήσιμ[ος]
IG IX.2.568,16
Larisa
s.II/Ia.

2169 Ὀνήσιμος
IG IX.2.539,33
Larisa
s.Ia.

2170 Ὀνήσιμος
IG IX.2.555,30
Larisa
s.Ia./p.

2171 Ὀνησιφόρου
IG IX.2.25b
Hypata
s.Ia./p.

2172 Ὀνησίφορον
GDI 2152
Delphi
84/3-60/59a.

2173 Ὀνησίφορον (Ὀνασίφορον)
GDI 2219 and 2220
Delphi
84/3-60/59a.
freed under a paramone restriction

2174 Ὀνησιφόρος
IG V.2.274
Mantinea
s.Ia./p.

2175 Ὀνησώ
IG IX.2.16
Hypata
131/2p.

2176 Ὀνοματίς?
IG IX.2.1115,3
Demetrias
s.Ip.

2177 Ὀρβάνα
IG IX.2.340b,5
Cyretiae
med. s.IIp.

2178 Ὀρεινή
IG IX.2.302a,8
Tricca
med. s.IIp.

2179 Ὀρεστε[ίν]η
IG IX.2.340b,4
Cyretiae
med. s.IIp.

2180 Ὀρόντας
IG IX.1².638,2
Naupactus
c. 141/0a.
τὸ γένος Μῆδον

2181 Ὄρτυξ
SEG 12 314         freed under
Beroea             a paramone
235a.              restriction

2182 Ὀφελίων
IG IX.1.122
Elatea
s.IIa.

2183 Παλίννα
IG II² 1553,18-20
Athens
fin. s.IVa.
ἐμ Πειραι οἰκοῦσα

2184 Παμόραλος
Annuario, 1944-5, no.192
Calymna
s.IIp.

2185 Παμφίλα
IG IX.2.415a,53
Pherae
med. s.Ia.

2186 [Π]αμφί[λη]
IG II²1567, 21
Athens
c.330a.

2187 Πάμφιλος
IG II²1558, 33-36
Athens
c.330a.
δρεωκο [ἐν Λ]ακι οἰκῶν

2188 Πάμφιλος
IG IX.2.474,42
Atrax
med. s.Ia.

2189 Πάμφιλος
IG IX.2.557,25
Larisa
s.II/Ia.

2190 Πάμφιλος
IG IX.2.562,17
Larisa
s.I/IIp.

2191 Πάμφιλος
BCH 35 p.232 l.1
Atrax
s.Ia./p.

2192 Πάμφιλος
AE 1905 no.9 p.194
Thessaly

2193 Παννυχίς
Praktika 1971 p.41, l.21
Thebae Phthiotides
med. s.IIp.

2194 Πάννυχος
Deltion 2 147
Beroea
261p.
see SEG 16 393

2195 Παντακλέος
JOAI Beibl.14, p.146,l.7
Argive Heraeum
fin. s.IIa.

2196 [Π]άνφιλος
Deltion 11 no.5 p.58
Larisa

2197 Πάνφιλος
IG IX.2.1043.9
Gonnus
Aetate Flaviorum
see also Gonnoi p.160,
no.135t

2198 Πάπος
FD III 3,282
Delphi
fin. s.Ia.

2199 Πάραλος
FD III 2,214
Delphi
c.130a.
τὸ γένος Ὀρθωσιῆ

2200 Παραμόνα
FD III 2,231
Delphi
138/7a.
οἰκογενής

2201 Παραμονά
GDI 1838
Delphi
158/7a.
οἰκογενής

2202 Παραμόνα
GDI 2342
Delphi
c.85p.

2203 Παραμόνα
FD III 3,349
Delphi
init. s.Ia.
οἰκογενής

2204 Παραμόνα
FD III 6,123
Delphi
med. s.Ip.

2205 Παραμόνα
FD III 3,420
Delphi
fin. s.Ia.

2206 [Πα]ραμόνα
IG VII 3366
Chaeronea
s.IIa.
freed under a paramone
restriction

2207 Παραμόνα
BCH 19 161
Orchomenos
med. s.IIIa.

2208 Παραμόνα
GDI 2126
Delphi
194/3a.
freed under a paramone
restriction

2209 Παραμόνα
GDI 2134
Delphi
141/0a.
τὸ γένος Θραῖσσαν

2210 Παραμόνα
FD III,2,234
Delphi
c.138a.
τὸ γένος Σύρον

2211 Παραμόνα (Παρμόνα)
FD III 3,17
Delphi
med. s.IIa.
οἰκογενής

2212 Παραμονίς
BCH 79 p.447, l.58
Scotussa
c.134a.
and see SEG 15 370

2213 Παράμονος
BCH 35 p.232 l.17
Atrax
s.Ia./p.

2214 Παράμονος
    SEG 2.305
    Delphi
    s.Ia.
    freed under a paramone
    restriction

2215 Παράμονος
    IG IX.1.39
    Stiris
    init. s.IIa.
    freed under a paramone
    restriction

2216 Παράμονος
    FD III 6,5
    Delphi
    init. s.Ip.

2217 Παράμονος
    FD III 6,6 and 7
    Delphi
    init. s.Ip.
    freed under a paramone
    restriction
    apolysis from paramone

2218 Παράμονος
    FD III 6,11
    Delphi
    init. s.Ip.
    freed under a paramone
    restriction

2219 Παράμονος
    IG VII 3326
    Chaeronea
    s.IIa.

2220 Παράμο[νος]
    IG IX.2.14b
    Hypata

2221 Παράμονος
    IG IX.2.21
    Hypata
    c.130p.

2222 Παράμονος
    IG IX.2.14a,11
    Hypata

2223 [Παρ]άμο[ν]ος
    AE 1924 no.413 p.184
    Pythium

2224 Παράμονος
    AE 1917 no.320 p.36
    Cyretiae
    s.Ip.

2225 Παράμονος
    IG VII 3348
    Chaeronea
    s.IIa.
    freed under a paramone
    restriction

2226 Παράμονος
    GDI 1959
    Delphi
    185/4a.
    τὸ γένος ἐξ Ἡρακλείας

2227 Παράμονος
    FD III 3,328
    Delphi
    fin. s.Ia.
    οἰκογενής

2228 Παράμονος
    FD III 3,312
    Delphi
    fin. s.Ia.
    freed under a paramone
    restriction

2229 [Παρά]μονος
    IG IX.2.1115,5
    Demetrias
    s.Ip.

2230 Παράμονος
    IG IX.2.1268,37
    Doliche?
    med. s.IIp.

2231 Παράμονος
    IG IX.2.1268,31
    Doliche?
    med. s.IIp.

2232 Παράμονος
    IG IX.2.1232,7
    Phalanna
    s.I/IIp.

2233 Παρᾶς
    IG IX.2.414b,13
    Pherae
    s.I/IIp.

2234 Παρασκευή
    AE 1932 Chronika p.21,
    l.12
    Thebae Phthiotides
    c.131/2p.

2235 Πάρδαλις
    IG IX.2.546,15
    Larisa
    131/2p.

2236 Πάρδαλις
　　　IG IX.2.546,17
　　　Larisa
　　　131/2p.

2237 Πάρδαλις
　　　AE 1917 no.338 p.123
　　　Cyretiae
　　　s.IIp.

2238 Πάρδαλις
　　　IG IX.2.29
　　　Hypata
　　　s.Ia./p.

2239 Πάρδαλις
　　　IG IX.2.21,12
　　　Hypata
　　　c.130p.

2240 [Παρ]ενα[φί]λα?
　　　AE 1923 no.381 p.148-9
　　　Doliche
　　　s.Ia./p.

2241 Παρθένα
　　　GDI 2126
　　　Delphi
　　　194/3a.
　　　freed under a paramone
　　　restriction

2242 Παρθένα
　　　GDI 2076
　　　Delphi
　　　181/0a.

2243 Παρθένα
　　　IG IX.1.36
　　　Stiris
　　　init. s.IIa.

2244 Παρθένα
　　　FD III 3,294
　　　Delphi
　　　med. s.Ia.
　　　freed under a paramone
　　　restriction
　　　οἰκογενής

2245 Παρθένα
　　　IG VII 3399
　　　Chaeronea
　　　s.IIa.
　　　freed under a paramone
　　　restriction

2246 Παρθένα
　　　Deltion 2 p.219, line 71
　　　Coronea
　　　freed under a paramone
　　　restriction

2247 Παρθένιον
　　　GDI 1　　　freed under
　　　Delphi　　　a paramone
　　　166/5a.　　restriction

2248 Παρθένιον
　　　IG II²1570, 48-50
　　　Athens
　　　c.330a.
　　　ταλασιουργ : ἐμ ιερ : οἰκ

2249 Παρθένιον
　　　GDI 2268 - GDI 2296
　　　Delphi
　　　153/2-144/3a.

2250 Παρθένιον
　　　GDI 2272
　　　Delphi
　　　163/2a.?

2251 Παρθενίς
　　　GDI 1994
　　　Delphi
　　　195/4a.
　　　τὸ γένος ἐκ Χαλκίδος

2252 Πά[ρ]ις
　　　IG IV² 360
　　　Epidaurus
　　　s.IIIa.

2253 Πάρις
　　　IG IX.2.553,39
　　　Larisa
　　　s.Ia.

2254 Πάρις
　　　ASAL, 60,II,no.8, p.80
　　　Epidaurus
　　　fin. s.IIIA.
　　　cf. IG IV² 360 and 361

2255 Παρμᾶς
　　　AE 1916 no.278 p.29
　　　Oloosson
　　　s.Ia./p.
　　　cf. JHS 1913 no.12c p.323

2256 [Παρμ]ενα[φι]λα?
　　　RE 1914 p.234 no.290b
　　　Doliche
　　　s.Ip.

2257 Παρμενία
　　　IG IX.2.104
　　　Itonus?
　　　med. s.Ia.

2258 Παρμενία
　　　Athena 12 p.73, no.12
　　　Edessa
　　　265p.

2259 Π[αρ]μεν[ίσκα]
        AE 1917 no.330 p.124
        Cyretiae
        19/18a.

2260 Παρμενίσκος
        IG IX.2.554,12
        Larisa
        s.Ia./p.

2261 Παρμενίσκο[s?]
        IG IX.2.275
        Metropolis
        s.Ia./p.

2262 Παρμενίων
        IG IX.2.111
        Halos
        med. s.IIp.

2263 Πα[ρ]μενίων
        RE 1914 p.234 no.290b
        Doliche
        s.Ip.

2264 Παρμενίων
        IG IX.1.34
        Stiris
        s.IIa.

2265 Παρμενίων
        IG IX.2.544,20
        Larisa
        41/2p.

2266 Πα[ρ]μενίων
        AE 1923 no.381 p.148-9
        Doliche
        s.Ia./p.

2267 Παρμενίων
        IG IX.2.1042,63
        Gonnus
        post 45/6p.
        and see Gonnoi p.154,
        no.128

2268 Παρμένουσα
        FD III 2,232
        Delphi
        139/8a.
        οἰκογενής

2269 Παρμένων
        IG IX.2.415a,46
        Pherae
        med. s.Ia.

2270 Παρμένων
        IG IX.2.280
        Metropolis
        s.I/IIp.

2271 Παρμόνα (Παραμόνα)
        FD III 2,234
        Delphi
        138/7a.
        τὸ γένος Σύραν

2272 [Π]αρμόνιος
        IG XII.3.1302,60
        Thera
        s.IIa.

2273 Παρμονίς
        GDI 1962
        Delphi
        182/1a.

2274 Παρνάσιος
        GDI 2163
        Delphi
        c.150a.

2275 Παρνασσός
        GDI 2251
        Delphi
        140/39a.
        τὸ γένος Συρός

2276 Παρνασσός
        FD III 2,245
        Delphi
        138/7a.
        οἰκογενής

2277 Παρνασσός
        FD III 3,1
        Delphi
        162/1a.?

2278 Παροίτας
        GDI 1896
        Delphi
        154/3a.

2279 Πάρος
        IG IX.2.287a,10
        Gomphi
        s.Ia./p.

2280 Παρρησία
        SEG 12 237
        Delphi
        fin. s.IIa.
        οἰκογενής

2281 [Π]αρρησία
        FD III 6,100
        Delphi
        fin. s.IIa.
        οἰκογενής

2282 Παρρησία
        IG IX.2.567,16
        Larisa
        s.II/Ia.

2283 Πασίφιλο[s]
IG IX.2.1292,25
Phalanna
s.I/IIp.

2284 Πτοίφιλος
IG IX.2.1274,4
Doliche?
s.IIp.

2285 [Ἠ]ασίων
IG XII.3.1302,61
Thera
s.IIa.

2286 Πάταικος
IG II² 1570,92-94
Athens
fin. s.IVa.
μάγε[ιρος]

2287 Πάταικος
IG II² 1570,69-70
Athens
fin. s.IVa.
γεωργός

2288 [Π]ατρική
AE 1917 no.316 p.31
Cyretiae
s.Ip.

2289 Πατ[ρ]ουν[ε]ία
IG IX.2.414a,4
Pherae
s.I/IIp.

2290 [Π]αυσ[ᾶ]
AE 1916 p.75 no.282b
Oloosson
s.IIp.
cf. RE 1914 p.25 no.268t

2291 Πα[υ]σανία
AE 1924 no.402 p.159
Pythium
s.Ia./p.

2292 Πέδων
IG XII.3.1302,28
Thera
s.IIa.

2293 Πειθόλαος
GDI 2072         freed under
Delphi           a paramone
c.200a.          restriction

2294 Π[είθ]ων
AE 1917 no.315 p.27
Cyretiae
s.Ia.

2295 Πελαγία
FD III 6,14
Delphi
init. s.Ip.

2296 Πέλεα
AE 1932, Chronika, p.12
Mytilene
init. s.IIa.
freed under a paramone
restriction

2297 Περατήκη?
IG IX.2.1302
Oloosson
s.IIp.

2298 Περδίκκας
GDI 1962
Delphi
192/1a.

2299 Περιγένης
GDI 1880
Delphi
158/7a.
τὸ γένος Μακεδόνα

2300 Π[ερι]στερά
Hell. I p.71
Kolobaisa
200p.

2301 Περιστερά
GDI 2099
Delphi
139/8-122/1a.
οἰκογενής

2302 Περσ[ίς]?
IG II²1553, 7-9
Athens
c.330a.

2303 Πετραία
IG V.1.1470
Messene
s.IIIa.

2304 Πηκτίς
IG IX.2.109b,5
Halos
med. s.Ia.

2305 Πηλ[εύς?]
IG IX.2.559,11
Larisa

2306 Πιε[ρο]s
    RE 1914 p.25 no.268a
    Oloosson
    s.IIp.
    cf. AE 1916 p.75
    no.281a

2307 Πίθανον
    GDI 1432
    Delphi
    155/4a.
    ἐνδογενής

2308 Πιθέρως
    IG IX.2.563,9
    Larisa
    s.I/IIp.

2309 Πίστα
    IG IX.2.553,32
    Larisa
    s.Ia.

2310 Πίστα
    GDI 2302
    Delphi
    139/8-122/1a.
    ἐνδογενής

2311 Πίστα
    FD III 6,81
    Delphi
    med. s.IIa.
    ἐνδογενής

2312 Πίστα
    IG IV.529
    Argos
    s.IIIa.

2313 Πίστα
    IG IV.528
    Argos
    s.IIIa.

2314 Πίστα
    SEG 25 696
    Cytinium
    s.IIa.

2315 Πίστις
    FD III 2,215 and 216
    Delphi
    139/8-122/1a.
    οἰκογενής

2316 Πίσ[τ]ι[s]
    IG IX.2.287c,5
    Gomphi
    s.Ia./p.

2317 Πίστις
    GDI 2158    freed under
    Delphi    a paramone
    53/2-39/8a.  restriction

2318 [Π]ίστ[ι]s
    AE 1917 no.335 p.121
    Cyretiae

2319 Πίστις
    GDI 2187
    Delphi
    143/2a.
    οἰκογενής

2320 Πιστοκλῆς
    IG II$^2$1559, 47-50
    Athens
    c.330a.
    Π. ἐμ Με[λ οἰ]κ
    ὑποδηματον

2321 Πίσ[το]s
    AE 1916 no.281 p.75
    Oloosson
    s.IIp.

2322 Πίστος
    IG XII.3.1302,23
    Thera
    s.IIa.

2323 Πίστος
    IG XII.3.337,4
    Thera
    s.IIa.

2324 Πίστος
    IG IX.2.1301,9
    Perrhaebia
    s.I/IIp.

2325 Πλαγγών
    IG II$^2$1558, 71-72
    Athens
    c.330a.
    Π. παιδίον ἐγ Κει οἰκ

2326 Πλαγγών
    IG II$^2$1558, 29-32
    Athens
    c.330a.
    ταλασιο ἐν [Κ]υδα οἰκοῦς

2327 Πλάτωρ
    GDI 1800
    Delphi
    174/3a.
    τὸ γένος Ἰταλόν

2328 Πλείστιον
    GDI 1763
    Delphi
    169/8a.

2329 Πλείστος
    GDI 1936
    Delphi
    153/2-144/3a.
    τὸ γένος Κίλικα

2330 Πλείστος
    IG IX.1².629
    Naupactus
    182/1a.
    freed under a paramone
    restriction
    τὸ γένος Φοίνικ[α]

2331 Πλειστώ
    GDI 2069
    Delphi
    194/3a.

2332 Πλόκιον
    IG IX.2.14a,12
    Hypata

2333 Π[λ]ούταρχος
    AE 1917 no.305 p.12
    Cyretiae
    s.Ia.

2334 Πλούταρχος
    IG IX.1².109
    Phistyum
    med. s.IIa.

2335 Ποθεινόν
    GDI 1973
    Delphi
    153/2-144/3a.

2336 Πόθον
    GDI 2338
    Delphi
    fin. s.Ia.

2337 Π(ο)λέμ[ανδρος]
    AE 1923 no.373 p.141
    Doliche
    s.IIp.

2338 Πολέμαρ[xos]
    IG IX.2.72,13
    Lamia
    s.Ia./p.

2339 Πολεμώ
    IG IX.1².622
    Naupactus
    med. s.IIa.
    [τὸ γέν]ος Κ[υπ]αρισσία

2340 Πολύκλειτος
    IG IX.1².101
    Phistyum
    init. s.IIa.
    τὸ γένος Ἀραι

2341 Πολυκράτης
    GDI 1709
    Delphi
    155/4a.
    οἰκογενής

2342 Πολύνικος
    SEG 2 302
    Delphi
    s.Ia.
    freed under a paramone
    restriction

2343 Πολύνικος
    FD III 3,289
    Delphi
    med. s.Ia.
    freed under a paramone
    restriction
    οἰκογενής

2344 Πο[λύξ]ενος
    GDI 1356
    Dodona

2345 Πολύτιμος
    IG II²1559, 55-58
    Athens
    c.330a.
    Π. ἐν Κολλυ οἰκ σκυτοτό

2346 Πόπλιος
    IG IX.1².672,4
    Physcus
    c. 166/5a.
    freed under a paramone
    restriction
    cf. IG IX.1.349 and
    SEG 16 356

2347 Πορ[φ]ύρα
    AE 1913 p.170
    Oloosson
    s.Ip.
    cf. IG IX.2.1295

2348 Πορφυραία
    IG IX.2.277,7
    Metropolis
    s.Ia./p.

2349 [Π]οσείδων
    IG IX.2.568,20
    Larisa
    s.II/Ia.

2350 [Π]οσε[ις]ῶ[νι]ος
AE 1916 no.281 p.75
Oloosson
med. s.IIp.
cf. RE 1914 p.24 no.268a
l.3 and JHS 1913 p.319,
no.116, l.3

2351 [Ποσει]δώνιος
JOAI Beibl. 14, p.146,
l.9
Argive Heraeum
fin. s.IIa.

2352 Ποσειδῶν[ιος]
IG II²1554, 44-47
Athens
c.330a.
[ἐ]ν Κολλυ[οἶκ]

2353 Ποσειδώνιος
IG IX.1².419,8
Oeniadae
s.IIIa.

2354 [Πούρ]ρακο[ς]?
IG VII 3313
Chaeronea
s.IIa.

2355 Πραξινικίς
GDI 1775
Delphi
166/5a.
freed under a paramone restriction

2356 Πρᾶξις
IG IX.2.1295,36
Oloosson
s.Ia./p.
cf. AE 1913 p.171

2357 Πραξώ
IG IX.1².616,4
Naupactus
195/4a.
τὸ γένος Σκύριος

2358 Πρατίων
IG IX.1².614
Naupactus
201/0a.

2359 Π[ρ]αυχος
IG IX.1².419,7
Oeniadae
s.IIIa.

2360 Πρεῖμα
FD III 6,47
Delphi
init. s.Ip.

2361 Πρεῖμος
FD III 4,78 freed under
Delphi a paramone
fin. s.Ip. restriction

2362 [Πρ]εῖμος
IG IX.2.256b
Pharsalus
s.Ip.

2363 Πρεῖμος
IG IX.2.16
Hypata
c.130p.

2364 Πρέπουσα
GDI 2192 freed under
Delphi a paramone
84/3-60/59a. restriction
οἰκογενής

2365 Πρέπουσα
GDI 2210
Delphi
63/2-51/0a.

2366 Πριάνθη
Hesperia 28 p.225 l.266
Athens
fin. s.IVa.
see IG II² 1559,92
ἐμ Με οἶκ

2367 Πρῖμα
IG IX.2.544,19
Larisa
41/2p.

2368 Πρῖμα
AnnPhilHist 6, p.344b
Suvodol
307p.

2369 Πρῖμος
AE 1917 no.305 p.12
Cyretiae
s.Ia.

2370 Πρόθ[υμος]
Hesperia 37 p.371 line 54
Athens
c. 330a.
ἐμ Μελιτη[ι οἶκ]
κριθοπωλ[ην]

2371 [Πρό]θυ[μ]ος
RE 1914 p.24 no.268a l.3
Oloosson
med. s.IIp.
cf. AE 1916 no.281 p.75
and JHS 1913 p.319
no.11b l.3

2372 Πρόθυμος
FD III,3,368
Delphi
s.Ia.
ἐνδογενής

2373 Πρόθυμος
GDI 1796
Delphi
175/4a.
τὸ γένος Καππάδοκα
freed under
a paramone
restriction

2374 Πρόθυμος
GDI 2340
Delphi
139/8-122/1a.

2375 Πρόθυμος
GDI 1892
Delphi
154/3a.
τὸ γένος Ἄραβα

2376 Προκλῆς
Deltion 2 269
Coronea
s.Ia.?

2377 Πρόκλησις
IG XII.3.336,18
Thera
s.IIIa.

2378 [Πρόκλ]ος?
AE 1916 no.284 p.79
Oloosson
fin. s.Ia.

2379 Προστ(άτει)ρος
Deltion 2 p.222, line 5
Coronea

2380 Προστατῆρις
GDI 2288
Delphi
153/2-144/3a.
τὸ γένος ἐκ Κορωνείας
freed under
a paramone
restriction

2381 [Πρ?]όστιμος
IG IX.2.275,10
Metropolis
s.Ia./p.

2382 Προυτοκλ[έας]
IG IX.2.553,44
Larisa
s.I/IIp.

2383 [Πρ]ωτέα
FD III 1,572
Delphi
med. s.Ip.
freed under
a paramone
restriction

2384 Πρωτέας
GDI 2058
Delphi
177/6a.
ἐνδογενής

2385 Πρωτίων
Annuario, 1944-5, no.201
Calymna
s.IIp.

2386 Πρῶτος
GDI 1814
Delphi
159/8a.
τὸ γένος Ἄραβα

2387 Πρῶτος
GDI 1727
Delphi
167/6a.
τὸ γένος Σειδώνιον

2388 Πρῶτος
FD III 3,49
Delphi
med. s.IIa.

2389 Πτολεμαίς
IG IX.1$^2$.685
Physcus
med. s.IIa.
freed under
a paramone
restriction

2390 Πτο[λέμαιος?]
GDI 1360
Dodona

2391 Πτολεμαῖος
IG IX.2.1298,8
Oloosson
s.Ia./p.?

2392 Πυθιάς
IG XII.3.1302,21
Thera
s.IIa.

2393 Πυθεῖς
IG VII 3322
Chaeronea
s.IIa.

2394 Πυθόνικος
IG IX.2.109b,18
Halos
med. s.Ia.

2395 Πύθων
AE 1916 no.281 p.75
Oloosson
s.IIp.

2396 Πυκινά
>	GDI 2043
>	Delphi
>	157/6a.
>	τὸ γένος Μεσσαπίαν

2397 Πυ[κι]νά?
>	FD III 3,294
>	Delphi
>	med. s.Ia.
>	οἰκογενής    freed under a paramone restriction

2398 Πύρα
>	GDI 2338
>	Delphi
>	fin. s.Ia.

2399 Πυρρίας
>	IG II² 1553,26-28
>	Athens
>	c. 330a.
>	ἐμ Μελίτει ο[ἰκῶν]
>	κάπηλος

2400 Πυρρίας
>	GDI 1891
>	Delphi
>	188/7a.
>	τὸ γένος Λυ[δ]όν

2401 Πυρρίας
>	GDI 2037
>	Delphi
>	182/1a.

2402 Πυρρίας
>	GDI 1776    freed under
>	Delphi      a paramone
>	166/5a.     restriction

2403 Πυρρίας
>	GDI 1744
>	Delphi
>	166/5a.
>	οἰκογενής

2404 Πυρρίας
>	GDI 1845
>	Delphi
>	166/5a.

2405 Πυρρίας
>	GDI 2240
>	Delphi
>	193/2a.

2406 Πυρρίας
>	GDI 2189
>	Delphi
>	153/2-144/3a.
>	οἰκογενής

2407 Πυρρίας
>	GDI 2196
>	Delphi
>	153/2-144/3a.
>	τὸ γένος Βαστάρνας

2408 Πύρρισα
>	GDI 1982
>	Delphi
>	190/89a.

2409 Πύρρος
>	GDI 1790
>	Delphi
>	170/69a.

2410 Πύρ(ρ)ο[s]
>	IG IX.2.415a,51
>	Pherae
>	med. s.Ia.

2411 [῾Ρ]α[ί]στ[η]?
>	ΔΕ 1924 no.400 p.156
>	Pythium
>	s.Ia.

2412 ῾Ρόδα
>	IG IX.1.34
>	Stiris
>	s.IIa.

2413 ῾Ρόδα
>	FD III 3,139
>	Delphi
>	c. 100a.
>	οἰκογενής

2414 ῾Ρόδα
>	FD III 3,41
>	Delphi
>	med. s.Ia.
>	οἰκογενής

2415 ῾Ρόδα
>	FD III 3,415
>	Delphi
>	fin. s.Ia.

2416 ῾Ρόδα
>	BCH 66-7 p.74, no.4
>	Delphi
>	med. s.IIa.
>	τὸ γένος Σαρματίν

2417 ῾Ροδία
>	IG II² 1556,18-21
>	Athens
>	fin. s.IVa.
>	ταλασι ἐν Θορικῶ οἴκοῦ

2418 ‘Ροδία
> IG IX.2.1042,48
> Gonnus
> Aetate Flaviorum
> see also Gonnoi,
> p.164, no.139

2419 ‘Ροδία
> GDI 1743
> Delphi
> 167/6a.
> τὸ γένος [(Σ)]ὐρ[α]

2420 ‘Ρόδιον
> FD III 2,230
> Delphi
> 138/7a.?
> οἰκογενής

2421 ‘Ρόδ[ι]ον
> IG IX.1².419,9
> Oeniadae
> s.IIIa.

2422 ‘Ρόδιον
> GDI 1968   freed under
> Delphi    a paramone
> 183/2a.   restriction
> οἰκογενής

2423 ‘Ρόδιον
> GDI 2106
> Delphi
> 101/0–60/59a.
> οἰκογενής

2424 ‘Ρόδιον
> GDI 2102
> Delphi
> 94/3a.

2425 ‘Ροδόπη
> FD III 6,14
> Delphi
> init. s.Ip.

2426 ‘Ροδῶπις
> SEG 12 244
> Delphi
> init. s.Ia.
> freed under a paramone
> restriction

2427 ‘Ρόξιον
> GDI 2233   freed under
> Delphi    a paramone
> 188/7a.   restriction

2428 ‘Ρόθος
> GDI 1733
> Delphi
> 159/8a.?
> τὸ γένος Θραῖκα

2429 ‘Ροτόρμα
> GDI 1461,36
> Halos
> 150a.
> cf. IG IX.2.109,35

2430 ‘Ροῦφα
> IG IX.2.1042,8
> Gonnus
> c.10a.?
> and cf. Gonnoi, p.138, no.117

2431 ‘Ροῦφα
> IG IX.2.72,13
> Lamia
> s.Ia./p.

2432 ‘Ροῦφα
> AE 1930 no.1 p.176
> Larisa
> s.Ia./p.

2433 [‘Ρ]οῦφα
> AE 1917 no.313 p.25
> Cyretiae
> s.Ia.

2434 ‘Ροῦφα
> AE 1905 no.9 p.194
> Thessaly

2435 ‘Ροῦφα
> IG IX.2.562,2
> Larisa
> s.I/IIp.?

2436 ‘Ροῦφα
> IG IX.2.474,21
> Atrax
> med. s.Ia.

2437 ‘Ροῦφα
> IG IX.2.550,13
> Larisa
> s.Ia./p.

2438 ‘Ρουφιλλα
> AE 1913 p.171
> Oloosson
> s.Ia./p.
> cf. IG IX.2.1295

2439 ‘Ρουφίων
> IG IX.2.278,3
> Metropolis
> s.Ia./p.

2440 ‘Ρουφίων
> IG IX.2.1042,22
> Gonnus
> ante 14p.
> and see Gonnoi, p.140, no.118

2441 ʿPo[ῦ]φos
  AE 1917 no.320 p.36
  Cyretiae
  s.Ip.

2442 ʿΡόψεια
  FD III 3,307
  Delphi
  init. s.Ip.
  freed under a paramone
  restriction

2443 ʿΡωμαία
  IG IV 530
  Argive Heraeum
  s.III/IIa.?

2444 ʿΡώμηι (ʿΡώμη?)
  AE 1917 no.305 p.12
  Cyretiae
  s.Ia.

2445 Σαβεῖνος
  IG V.1.1473
  Messene

2446 Σιβιδία
  Praktika 1971 p.41,
  l.18
  Thebae Phthiotides
  med. s.IIp.

2447 [Σα]κόνδα?
  IG IX.2.544,17
  Larisa
  41/2p.

2448 Σακοῦνδα
  IG IX.2.1042,34
  Gonnus
  init. s.Ip.
  and see Gonnoi, p.145,
  no.121

2449 Σαλβατίων
  IG IX.2.1268,31
  Doliche?
  s.IIp.
  cf. AE 1923 no.384 p.155
  and AE 1913 p.155b,31

2450 Σαλβία
  IG IX.2.1041b
  Gonnus
  Aetate Flaviorum
  see also Gonnoi, p.165,
  no.131

2451 Σαμβα[τ]ίων
  AE 1923 no.384 p.155
  Doliche
  s.IIp.
  cf. IG IX.2.1268b

2452 Σανβατίς
  BCH 94 p.1054
  Leukopetra
  c.180p.
  see SEG 24 498b

2453 Σαραπιᾶς
  GDI 2256
  Delphi
  140/39a.
  οἰκογενής

2454 Σαραπι[ᾶ]s
  IG IX.2.553,27
  Larisa
  s.Ia.

2455 Σαραπιᾶς
  GDI 1707
  Delphi
  153/2-144/3a.

2456 Σαραπιᾶς
  GDI 1891
  Delphi
  154/3a.

2457 Σαραπίων
  FD III 3,130
  Delphi
  139/8-122/1a.
  freed under a paramone
  restriction

2458 Σαραπίων
  GDI 1688
  Delphi
  157/6a.
  τὸ γένος Σύρον

2459 [Σατ]υρίσκος
  IG XII.3.336,14
  Thera
  s.IIIa.

2460 [Σα?]τυρίων
  IG IX.2.76
  Lamia
  c.140a.

2461 Σατυρίων
  FD III 3,20
  Delphi
  med. s.IIa.
  freed under a paramone
  restriction
  ἐνδογενής

2462 [Σ]ατυρίων
  IG II² 1567,11-12
  Athens
  fin. s.IVa.
  ἐν Θυμα οἰκ

2463 Σάτυρος
　　　IG II² 1570,71-72
　　　Athens
　　　fin. s.IVa.
　　　φορτη[γός]

2464 Σάτυρος
　　　GDI 2049
　　　Delphi
　　　fin. s.IIIa.
　　　freed under a paramone
　　　restriction

2465 Σάτυρος
　　　IG II²1554, 18-21
　　　Athens
　　　c.330a.
　　　'Αγνοῦν οἰκ, γεωργό

2466 Σάτυρος
　　　GDI 2307
　　　Delphi
　　　139/8-122/1a.
　　　οἴκοθεν

2467 Σάτυρος
　　　FD III 6,94
　　　Delphi
　　　fin. s.IIa.
　　　οἴκοθεν

2468 Σάτυρος
　　　FD III 6,90
　　　Delphi
　　　124-116a.

2469 Σαφφώ
　　　GDI 1894
　　　Delphi
　　　156/5a.
　　　τὸ γένος Τιβαρανάν

2470 Σαφώ
　　　IG V.2.274
　　　Mantinea
　　　s.Ia./p.

2471 [Σ?]άων
　　　IG IX.2.275,14
　　　Metropolis
　　　s.Ia./p.

2472 Σείμα
　　　IG IX.1².99
　　　Phistyum
　　　init. s.IIa.
　　　οἰκογενής

2473 Σεκοῦνδα
　　　IG IX.2.1115,22
　　　Demetrias
　　　s.Ip.

2474 Σεκοῦνδι
　　　IG IX.2.21,4
　　　Hypata
　　　c.130p.

2475 Σεκουνδίων
　　　IG IX.2.340a
　　　Cyretiae
　　　med. s.IIp.

2476 Γέλγη
　　　IG XII.3.1303,5
　　　Thera
　　　fin. s.Ia.

2477 Σέλευκος
　　　IG VII 1780,6
　　　Thespiae
　　　s.IIIa.
　　　freed under a paramone
　　　restriction

2478 Σέλευκος
　　　AE 1930 no.1 p.176
　　　Larisa
　　　s.Ia./p.

2479 Σέλευκος
　　　IG IX.1².419,4
　　　Oeniadae
　　　s.IIIa.

2480 Σέλευκος
　　　FD III 3,24    freed under
　　　Delphi         a paramone
　　　med. s.IIa.    restriction
　　　τὸ γένος Σύρον

2481 Σέμνη
　　　AE 1917 no.316 p.31
　　　Cyretiae
　　　s.Ip.

2482 Σεραπίων
　　　IG XII.3.1302,31
　　　Thera
　　　s.IIa.

2483 Σεραπίων
　　　IG XII.3.1302,27
　　　Thera
　　　s.IIa.

2484 Σ[ε]ύθης
　　　AE 1917 no.319 p.35
　　　Cyretiae
　　　s.Ip.

2485 Σθένιος
　　　GDI 2124
　　　Delphi
　　　194/3a.

2486 Σικελία
    BCH 70 p.447, 1.57
    Scotussa
    c.134a.
    and see SEG 15 370

2487 Σιμάκα
    IG IX.1$^2$.640d freed under
    Naupactus   a paramone
    med. s.IIa.   restriction
    τὸ γένος Βοιωτίαν ἐκ
    Θεσπιᾶν

2488 Σιμά[λη?]
    IG II$^2$ 1554,48-51
    Athens
    fin. s.IVa.
    ταλ[ασι]

2489 Σίμαλος
    IG II$^2$1558, 81-83
    Athens
    c.330a.

2490 Σίμον
    IG II$^2$1558, 49-50
    Athens
    c.330a.
    παιδίον ἐμ Π οἴκ

2491 Σίμον
    GDI 1691
    Delphi
    155/4a.

2492 Σίμον
    GDI 2061
    Delphi
    182/1a.
    Ζωπύρα (τὸ δὲ πρότερον
    ἦν Σίμον)

2493 Σίμον
    GDI 2281
    Delphi
    160/59a.?

2494 Σίμος
    JOAI Beibl. 14, p.146,
    l.8
    Argive Heraeum
    fin. s.IIa.

2495 Σίμος
    IG IX.2.568,6
    Larisa
    s.II/Ia.

2496 Σίμος
    FD III 2,213
    Delphi
    139/8-122/1a.
    οἰκογενής

2497 Σίμων
    GDI 1970   freed under
    Delphi   a paramone
    193/2a.   restriction

2498 Σ[ίμ]ων
    FD III 3,282
    Delphi
    fin. s.Ia.

2499 Σίνδης
    IG IV$^2$ 358
    Epidaurus
    s.IIIa.

2500 Σίρακος
    BCH 95 p.562, l.14
    Larisa

2501 [Σ]ῖρις
    IG VII 3387
    Chaeronea
    s.IIa.

2502 Σκάμανδρος
    IG II$^2$1576, 73-75
    Athens
    c.330a.
    ζευγοτρόφος ἐμ Πείραι
    οἴκῶν

2503 Σκιπίων
    IG XII.3.1302,25
    Thera
    s.IIa.

2504 Σκίπων
    IG IX.2.568,31
    Larisa
    s.II/Ia.

2505 Σκίρος
    IG IX.2.16,11
    Hypata
    131/2p.

2506 Σκόπας
    FD III 3,50
    Delphi
    med. s.IIa.
    [τὸ γένος] ἐκ Τολφῶνος

2507 Σκόπας
    GDI 2040
    Delphi
    186/5a.

2508 Σκύθας
    IG IV$^2$ 368
    Epidaurus
    s.IIIa.

2509 Σκύλλα
    GDI 2261
    Delphi
    142/1 or 141/0a.
    οἰκογενής

2510 Σμύρνα
    IG IX.2.554,13
    Larisa
    s.Ia./p.

2511 Σμύρνα
    FD III 3,409
    Delphi
    med. s.Ia.
    cf. FD III,3,273
    οἰκογενής

2512 Σμύρνα
    SEG 12 243
    Delphi
    s.Ia.
    οἰκογενής

2513 Σόβαρον
    GDI 1802
    Delphi
    173/2a.

2514 Σόβαρος
    IG VII 3357
    Chaeronea
    s.IIa.

2515 Σόλων
    BCH 79 p.447, l.55
    Scotussa
    c.134a.
    and see SEG 15 370

2516 Σόρος
    BCH 25 p.361 no.2
    Thespiae
    s.IIa.
    freed under a paramone
      restriction

2517 Σούθα
    IG IV² 369
    Epidaurus
    s.IIIa.

2518 Σούρα
    Deltion 2 p.218, line 26
    Coronea
    freed under a paramone
      restriction

2519 Σούρα
    Deltion 2 p.219, line 60
    Coronea
    freed under a paramone
      restriction

2520 Σουρ[ί]να
    IG VII 3201
    Orchomenos
    init. s.IIa.

2521 Σουρίνα
    IG VII 3377     freed under
    Chaeronea       a paramone
    s.IIa.          restriction

2522 Σοῦρος
    IG VII 3201
    Orchomenos
    init. s.IIa.

2523 Σοῦρος
    BCH 19 161
    Orchomenos
    med. s.IIIa.

2524 Σουσίπατρος
    IG IX.2.414b,9
    Pherae
    s.I/IIp.

2525 [Σ]ου(σί?)πολις
    IG IX.2.1042,50
    Gonnus
    s.Ip.

2526 Σουσιφάνεις
    IG IX.2.414a,13
    Pherae
    s.Ia./p.

2527 Σουσιφίλα
    IG IX.2.553,8
    Larisa
    s.Ia.

2528 Σοῦσος
    IG IX.2.414a,9
    Pherae
    s.Ia./p.

2529 Σόφα
    ASAL, 60,II,no.16, p.91
    Epidaurus
    s.IIIa.
    cf. IG IV² 369

2530 Σοφία
    GDI 1716
    Delphi
    160/59a.

2531 Σόφων
    FD III 3,20
    Delphi
    med. s.IIa.
    freed under a paramone
      restriction
    ἐνδογενής

2532 Σόφων
GDI 1862
Delphi
176/5a.

2533 Σπαῖ[ρος]
IG IX.2.1297,17
Oloosson
s.Ia./p.

2534 Σπα[ῖ]ρος
IG IX.1².103
Phistyum
med. s.IIa.
οἰκογενής

2535 Σπαζᾶτις
SEG 12 314    freed under
Beroea        a paramone
235a.         restriction

2536 [Σ]πένδων
IG IX.2.30
Hypata
s.Ia./p.

2537 Σπινθήρ
GDI 2193
Delphi
84/3-60/59a.

2538 Σπινθήρ
IG II² 1570,87-89
Athens
fin. s.IVa.
ἰχθυο[πώλης]

2539 Σπουδαία
IG XII.3.1302,19
Thera
s.IIa.

2540 Στάχυς
IG IX.2.546,10
Larisa
131/2p.

2541 Στ[ερόπ]α
JOAI Beibl. 14, p.146,
l.20
Argive Heraeum
fin. s.IIa.

2542 Στέφανος
IG IX.1.109
Elatea

2543 [Σ]τέφανος
IG XII.3.1303,4
Thera
fin. s.Ia.

2544 Στέφανος
GDI 2157      freed under
Delphi        a paramone
40a. -18p.    restriction

2545 Στέφανος
GDI 2156 - FD III 1,233
Delphi
40a. -18p.
freed under a paramone
restriction

2546 Στέφανος
FD III 3,277
Delphi
fin. s.Ia.
οἰκογενής

2547 Στησίχορος
Annuario, 1944-5,
no.192b
Calymna
s.IIp.

2548 Στολίς
GDI 1704
Delphi
153/2-144/3a.

2549 Στόλος
GDI 2017
Delphi
169/8a.

2550 Στοργή
IG IX.1.194
Tithora
init. s.IIa.
freed under a paramone
restriction

2551 Στρατεία
BCH 79 p.448, l.60
Scotussa
c.134a.
and see SEG 15 370

2552 Στρ[α]τή
REG 12 no.9, p.172
Thessalonika
243p.

2553 Στράτιον
GDI 1829      freed under
Delphi        a paramone
165/4a.?      restriction
τὸ γένος ἐξ Ἀπαμείας

2554 Στρατονίκα
GDI 1793
Delphi
167/6a.

2555 Στρατονίκα
        GDI 1883
        Delphi
        c. 164/3a.?

2556 Στρατονίκα
        IG IX.2.224,5
        Angeae
        s.Ia./p.

2557 Στρατονίκα
        GDI 1874      freed under
        Delphi        a paramone
        164/3a.        restriction

2558 [Σ]τρατονίκα
        IG IX.2.77
        Lamia
        s.Ia./p.

2559 Στρατονίκα
        IG IX.2.76
        Lamia
        c.140a.

2560 Στρατον(ί)κα
        IG IX.2.102a
        town near Kophi
        185/4a.

2561 Στρατονίκη
        ΑΕ 1917 no.311 p.21
        Cyretiae
        s.Ia.

2562 Στρατονίκη
        BCH 79 p.447, l.28
        Scotussa
        c.136a.
        and see SEG 15 370

2563 Στρατονίκη
        BCH 35 p.232 l.3
        Atrax
        s.Ia./p.

2564 Στρατονίκη
        IG II$^2$ 1559,86-89
        Athens
        fin. s.IVa.
        ἐμ Μελ οικ ταλα

2565 Στρατονίκη
        IG IX.2.1232,31
        Phalanna
        s.I/IIp.

2566 Στρατόνικος
        IG IX.2.1041c
        Gonnus
        Aetate Flaviorum
        see also Gonnoi, p.169,
        no.142

2567 Στρατόνικος
        IG IX.2.474,11
        Atrax
        med. s.Ia.

2568 Στρατόνικος
        BCH 79 p.447, l.21
        Scotussa
        c.136a.
        and see SEG 15 370

2569 Στρατόνικος
        IG IX.2.109a,16
        Halos
        med. s.Ia.

2570 Στρατόνικος
        GDI 1793
        Delphi
        167/6a.

2571 Στρατόνικος
        FD III 2,213
        Delphi
        139/8-122/1a.
        οἰκογενής

2572 Στρατυλλίς
        GDI 2073
        Delphi
        138/7a.

2573 Στρατώ
        GDI 2117
        Delphi
        c.200a.

2574 Στρατώ
        FD III 1,320
        Delphi
        init. s.Ia.
        οἰκογενής

2575 Στρατώ
        IG IX.2.206,Ia,19
        Melitea
        med. s.Ia.

2576 Στρατώ
        FD III 3,399
        Delphi
        fin. s.Ia.
        freed under a paramone
        restriction
        οἰκογενής?

2577 Στράτων
        IG IX.2.275,3
        Metropolis
        s.Ia./p.

2578 Στράτων
    IG IX.2.547,10
    Larisa
    c.131/2p.

2579 Στράτων
    FD III 1,567
    Delphi
    fin. s.IIa.
    οἰκογενής

2580 Στρουθίς
    BCH 79 p.447, l.24
    Scotussa
    c.136a.
    and see SEG 15 370

2581 Στρύμουν
    IG IX.2.553,20
    Larisa
    s.Ia.

2582 Συμμαχία
    IG IX.2.20c
    Hypata
    s.IIp.?

2583 Συμφέρουσα
    FD III 6,134
    Delphi
    med. s.Ip.

2584 Συμφέ[ρων]
    IG IX.2.15,12
    Hypata
    c.40p.

2585 Σύμφορον
    FD III 3,431
    Delphi
    49/8a.

2586 Σύμφορον
    FD III 3,337
    Delphi
    med. s.Ia.
    freed under a paramone
     restriction
    ἐνδογενής

2587 Σύμφορον
    GDI 2326
    Delphi
    40a. -18p.

2588 Σύμφορον (Σύνφορον)
    GDI 2167 and ?168
    Delphi
    init. s.Ia.
    freed under a paramone
     restriction
    apolysis from paramone

2589 Σύμφορος
    IG XII.3.336,20
    Thera
    s.IIIa.

2590 Σύμ[φ]ορος
    IG IX.2.207b
    Melitea
    s.Ia./p.

2591 Σύνεσις
    GDI 2205
    Delphi
    c.130a.
    ἐνδογενής

2592 Συνέτα
    GDI 2205
    Delphi
    c.130a.
    τὸ γένος Θραῖσσα

2593 Συνέτα
    IG IV.529
    Argos
    s.IIIa.

2594 Συνέτη
    IG II$^2$1553,20-23
    Athens
    c.330a.
    ἐν κειριαδῶν οἰκοῦσα

2595 Σύνετον
    GDI 2111
    Delphi
    113-100a.
    οἰκογενής

2596 Συνμαχία
    GDI 2204
    Delphi
    84/3-60/59a.
    οἰκογενής

2597 Συντύχηι (Συντύχη?)
    AE 1917 no.305 p.12
    Cyretiae
    s.Ia.

2598 Συνφέρουσα
    FD III 6,107
    Delphi
    med. s.Ip.?

2599 Σύνφορον
    GDI 2158
    Delphi
    84/3-60/59a.
    freed under a paramone
     restriction

2600 Σύνφορος
   IG IX.2.359c,1
   Pagasae
   s.I/IIp.

2601 Συνωρίς
   GDI 1705
   Delphi
   153/2-144/3a.

2602 Σύρα
   IG IX.2.287b,7
   Gomphi
   s.Ia./p.

2603 Σύρα
   IG IX.2.349b
   Cyretiae
   s.I/IIp.

2604 Σύρα
   IG IX.2.562,12
   Larisa
   s,I/IIp.?

2605 Σύρα
   GDI 2126
   Delphi
   194/3a.
   freed under a paramone
   restriction

2606 [Σ]ύρα
   AE 1917 no.311 p.21
   Cyretiae
   s.Ia.

2607 Σύρα
   AE 1917 no.313 p.25
   Cyretiae
   s.Ia.

2608 Σύρα
   AE 1905 no.9 p.194
   Thessaly

2609 Σύρα
   AE 1917 no.332 p.118
   Cyretiae
   20/19a.

2610 Σύρα
   IG VII 1780,6
   Thespiae
   s.IIIa.
   freed under a paramone
   restriction

2611 Σύρα
   IG IX.2.1232,21
   Phalanna
   s.I/IIp.

2612 Σύρα
   IG IX.2.1042,110
   Gonnus
   s.Ip.

2613 Σύρα
   IG IX.2.474,35
   Atrax
   med. s.Ia.

2614 Σύριον
   GDI 1781
   Delphi
   167/6a.

2615 Συρίχα
   AE 1916 no.278 p.29
   Oloosson
   s.Ia./p.
   cf. JHS 1913 no.12c. p.323

2616 Σφαῖρος
   GDI 2273
   Delphi
   137/6a.

2617 [Σ]ώιβιος
   IG IV.529
   Argos
   s.IIIa.

2618 Σ[ω]κ[λῆς]
   AE 1916 no.276 p.28
   Oloosson
   s.Ia./p.

2619 Σωκλῆς
   IG II²1569, 22-25
   Athens
   c.330a.
   Σ. ἐμ Μελιτ[ει οἰ] κῶν

2620 Σ[ω]κ[λῆς]
   AE 1913 p.170
   Oloosson
   s.Ia./p.
   cf. IG IX.2.1295

2621 Σωκράτεα
   FD III 3,258
   Delphi
   init. s.Ip.

2622 Σωκράτεια
   FD III 3,290
   Delphi
   med. s.Ia.
   οἰκογενής

2623 Σωκράτεια
   SEG 12 239
   Delphi
   s.Ia.

2624 Σωκράτεια
 IG IV.529
 Argos
 s.IIIa.

2625 Σωκράτεια
 FD III 2,222
 Delphi
 139/8-122/1a.

2626 Σωκρ[άτης]
 IG VII 3085
 Lebadea
 freed under a paramone
 restriction

2627 Σωκράτης
 IG IX.2.15
 Hypata
 c.40p.

2628 Σωκράτης
 GDI 2003
 Delphi
 177/6a.

2629 Σωκράτης
 FD III 3,294
 Delphi
 med. s.Ia.
 freed under a paramone
 restriction
 οἰκογενής

2630 Σωκράτης
 GDI 2325
 Delphi
 s.Ia.

2631 Σωκράτης
 BCH 68-9 p.116, no.27
 Delphi
 init. s.Ia.
 cf. BCH 73 p.283 no.32
 ἐνδογενής

2632 Σωκρατίς
 GDI 2074
 Delphi
 198/7a.

2633 Σωκρίτα
 GDI 2081
 Delphi
 195/4a.

2634 Σωπάτρα
 GDI 2140
 Delphi
 142/1 or 141/0a.
 οἰκογενής

2635 Σωπάτρα
 AE 1917 no.313 p.25
 Cyretiae
 s.Ia.

2636 Σωπάτρα
 AE 1930 no.2 p.100
 Iolchos
 s.IIp.
 but cf. REG 77 p.175,
 no.219

2637 Σω[π]άτρα
 AE 1924 no.400 p.156
 Pythium
 s.Ia.

2638 Σωπάτρα
 IG IX.2.550,11
 Larisa
 s.Ia./p.

2639 [Σω]πάτρα
 JOAI Beibl. 14, p.146,
 l.15
 Argive Heraeum
 fin. s.IIa.

2640 Σ[ω]πατρίς
 IG IX.2.349b
 Cyretiae
 s.I/IIp.

2641 [Σώπα?]τρος
 AE 1905 no.9 p.194
 Thessaly

2642 Σώπατρος
 AE 1924 no.404 p.167
 Pythium
 s.Ia.

2643 Σώπατρος
 AE 1917 no.312 p.21
 Cyretiae
 s.Ia.

2644 Σώπατρος
 FD III 2,172 freed under
 Delphi a paramone
 139/8-122/1a. restriction
 ἐγγενής

2645 Σώπατρος
 IG IX.2.109b,36
 Halos
 med. s.Ia.

2646 Σώπατρος
 GDI 1352
 Dodona
 init. s.IIa.?

2647 Σώπολις
    GDI 1786
    Delphi
    174/3a.
    οἰκογενής

2648 Σώπολις
    GDI 2110
    Delphi
    113-110a.
    freed under a paramone
    restriction
    τὸ γένος Σαρμάταν

2649 Σώσανδρος
    GDI 2286
    Delphi
    140/39a.
    οἰκογενής

2650 Σώσανδρος
    SEG 12 238
    Delphi
    s.Ia.
    freed under a paramone
    restriction

2651 Σώσανδρος
    GDI 1953
    Delphi
    186/5a.
    οἰκογενής ἐξ Ἀμφίσσας

2652 Σώσανδρος
    GDI 1860
    Delphi
    167/6a.
    τὸ γένος Γαλάταν

2653 Σωσᾶς
    GDI 1904
    Delphi
    156/5a.
    freed under a paramone
    restriction

2654 Σωσᾶς
    IG IX.1².638,4
    Naupactus
    c. 141/0a.
    freed under a paramone
    restriction

2655 Σωσθένης
    GDI 2265
    Delphi
    153/2-144/3a.

2656 Σωσίας
    GDI 2247
    Delphi
    181/0a.

2657 Σωσίας
    GDI 2094
    Delphi
    153/2-144/3a.
    τὸ γένος Γαλάταν

2658 Σωσίας
    GDI 2173
    Delphi
    101/0-60/59a.
    οἰκογενής

2659 Σωσίας
    IG II²1556, 36-38
    Athens
    c.330a.
    γεωργὸν ἐν [ Ἡ]φαιστια
    οἰκοῦντα

2660 Σωσίας
    IG II²1553, 4-7
    Athens
    c.330a.
    [Ἀλωπεκῆσ]ι οἰκῶν

2661 Σωσίας
    GDI 2024
    Delphi
    189/8a.

2662 Σωσίας
    GDI 1982
    Delphi
    190/89a.

2663 Σωσίας
    GDI 1981
    Delphi
    190/89a.

2664 Σωσίας
    FD III 3,290
    Delphi
    med. s.Ia.
    οἰκογενής

2665 Σωσίας
    FD III 3,272 (and 271?)
    Delphi
    30/29a.?
    apolysis from paramone

2666 Σωσίας
    GDI 1785
    Delphi
    166/5a.

2667 Σωσίας
    GDI 2057
    Delphi
    182/1a.

2668 Σωσίας
  GDI 1835
  Delphi
  165/4a. ?

2669 Σωσίας
  FD III 3,131
  Delphi
  124-116a.

2670 Σωσίας
  GDI 1855   freed under
  Delphi     a paramone
  177/6a.    restriction

2671 Σωσίας
  IG IX.2.288,5
  Gomphi
  s.I/IIp.

2672 Σωσίας
  IG IX.2.474,13
  Atrax
  med. s.Ia.

2673 Σωσιβία
  IG IX.2.109b,25
  Halos
  med. s.Ia.

2674 Σωσ[ι]βία
  IG IX.2.21,18
  Hypata
  c.130p.

2675 Σωσιβία
  GDI 1897
  Delphi
  154/3a.
  οἰκογενής

2676 Σωσ[ί]βιος
  IG IX.2.15
  Hypata
  c.40p.

2677 Σωσίβιος
  GDI 1836   freed under
  Delphi     a paramone
  168/7a.    restriction
  οἰκογενής

2678 Σωσίβιος
  IG IX.2.224,3
  Angeae
  s.Ia./p.

2679 Σωσίβιος
  FD III 3,425
  Delphi
  fin. s.Ia.
  οἰκογενής

2680 Σωσίβιος
  IG VII 3362
  Chaeronea
  s.IIa.

2681 Σωσιγένης
  FD III 3,33
  Delphi
  med. s.IIa.
  τὸ γένος Ἀλεξανδρῆ

2682 Σωσίδαμος
  FD III 6,79   freed under
  Delphi        a paramone
  οἰκογενής     restriction

2683 Σωσίδαμος
  IG VII 3312
  Chaeronea
  s.IIa.

2684 Σωσίκλεια
  GDI 1848
  Delphi
  166/5a.

2685 Σωσίκληα
  IG IX.2.13,15
  Hypata
  47/8p.

2686 Σωσίκληα
  IG IX.1$^2$.688
  Physcus
  c. 166a.
  freed under a paramone
  restriction
  οἰκογενής

2687 Σωσικλῆς
  GDI 2086
  Delphi
  124-116a.

2688 Σωσικλῆς
  IG V.2.345
  Orchomenos
  s.II/Ia.

2689 Σωσικλῆς
  GDI 2327
  Delphi
  med. s.Ia.
  see SEG 22 488
  apolysis from paramone

2690 Σωσικράτεα
  FD III 3,417
  Delphi
  fin. s.Ia.
  freed under a paramone
  restriction

2691 Σωσικράτεα
   GDI 2193
   Delphi
   84/3-60/59a.

2692 Σωσικράτεα
   BCH 22 p.125, no.109
   Delphi
   s.Ip.

2693 Σωσικράτεια
   SEG 12 239
   Delphi
   s.Ia.

2694 Σωσικράτεια
   GDI 1842
   Delphi
   med. s.IIa.
   οἰκογενής

2695 Σωσικράτεια
   IG IX.1².419,11
   Oeniadae
   s.IIIa.

2696 Σωσικράτεια
   GDI 2217
   Delphi
   153/2-144/3a.

2697 Σωσικράτεια
   FD III 6,69
   Delphi
   121-108a.
   ἐνδογενής

2698 Σωσικράτεια
   FD III 6,80
   Delphi
   124-116a.

2699 Σωσικράτεια
   GDI 2313
   Delphi
   124-116a.

2700 Σωσικράτεια
   GDI 1876
   Delphi
   159/8a.

2701 Σωσικράτεια            freed under
   FD 1972               a paramone
   Delphi                restriction
   153/2-144/3a.

2702 Σωσικράτεια
   FD III 2,174
   Delphi
   139/8-122/1a.
   ἐνδογενής

2703 Σωσικράτεια
   GDI 1771
   Delphi
   168/7a.
   τὸ γένος Θεσσαλᾶν

2704 Σωσικράτεια
   GDI 1745
   Delphi
   176/5a.
   ἐνδογενής

2705 Σωσικράτεια
   GDI 1716              freed under
   Delphi                a paramone
   160/59a.              restriction

2706 Σωσικράτεια
   IG IX.2.206,IIb,24
   Melitea
   med. s.Ia.

2707 Σωσικράτεια (Σωσικράτηα)
   FD III 3,37
   Delphi
   med. s.IIa.
   freed under a paramone
   restriction

2708 Σωσικράτης
   GDI 1721              freed under
   Delphi                a paramone
   160/59a.              restriction
   ἐνδογενής

2709 Σωσικράτης
   GDI 1703
   Delphi
   153/3-144/3a.
   ἐνδογενής

2710 Σωσικράτης
   BCH 59 p.202 l.6
   Daulis
   init. s.IIa.
   freed under a paramone
   restriction

2711 Σωσικράτης            freed under
   IG IX.1.66            a paramone
   Daulis                restriction

2712 Σωσικράτης
   FD III 6,79           freed under
   Delphi                a paramone
   init. s.Ia.           restriction
   οἰκογενής

2713 Σωσικράτης
   FD III 3,369
   Delphi
   init. s.Ia.

2714 Σωσικράτης
    GDI 2241
    Delphi
    188/7a.
    οἰκογενής

2715 [Σωσ]ικράτης
    IG IX.2.15
    Hypata
    c.40p.

2716 Σωσικράτης
    BCH 66-7 p.77, no.6
    Delphi
    med. s.IIa.

2717 Σωσίλα
    GDI 2030
    Delphi
    163/2a.
    οἰκογενής

2718 Σωσίλα
    BCH 79 p.447, l.47
    Scotussa
    c.135a.
    and see SEG 15 370

2719 Σωσιμένης
    GDI 2284
    Delphi
    139/8-122/1a.
    οἰκογενής

2720 Σωσίμη
    Annuario, 1944-5, no.164
    Calymna
    s.IIp.

2721 Σώσιμος
    IG IX.2.415a,42
    Pherae
    med. s.Ia.

2722 Σωσίνης
    GDI 1916
    Delphi
    180/79 or 179/8a.
    freed under a paramone
    restriction

2723 Σωσινίκα
    FD III 1,341
    Delphi
    init. s.Ia.
    freed under a paramone
    restriction

2724 Σωσινίκα
    IG IX.1.120
    Elatea
    s.IIa.

2725 Σωσινίκα
    IG IX.2.14
    Hypata

2726 Σωσίνικος
    GDI 2158    freed under
    Delphi    a paramone
    53/2-39/8a.    restriction

2727 Σωσίνικος
    FD III 3,22
    Delphi
    med. s.IIa.
    freed under a paramone
    restriction

2728 [Σωσί]νικος
    FD III 4,71
    Delphi
    init. s.Ia.
    freed under a paramone
    restriction

2729 Σωσίνικος
    GDI 2206
    Delphi
    c.130a.
    οἰκογε,ής

2730 Σωσίξενος
    FD III 2,244
    Delphi
    139/8-122/1a.
    οἰκογενής

2731 Σώσιον
    GDI 2120
    Delphi
    195/4a.

2732 Σωσιπάτρα
    GDI 1825
    Delphi
    161/0a. ?
    τὸ γένος Σύραν

2733 Σωσιπάτρα
    IG IX.2.1284
    Pythium
    s.Ia./p.

2734 Σωσιπάτρα
    SEG 23 330
    Delphi
    128/7a.
    οἰκογενής

2735 Σ[ω]σ[ι]πάτρα
    AE 1913 p.166
    Pythium
    s.Ia./p.
    cf. IG IX.2.1284

2736 Σωσιπάτρα
    FD III 6,65
    Delphi
    fin. s.IIa.
    [τὸ γένος] Σύραν

2737 Σωσιπάτρα
    FD III 3,275
    Delphi
    fin. s.Ia.
    οἰκογενής

2738 Σωσίπατρος
    FD III 3,330
    Delphi
    fin. s.Ia.
    οἰκογενής

2739 Σωσίπατρος
    AE 1917 no.303 p.3
    Cyretiae
    s.Ip.

2740 Σωσίπατρος
    AE 1917 no.305 p.12
    Cyretiae
    s.Ia.

2741 [Σωσίπ?]ατρο[ς]
    IG IX.2.72,15
    Lamia
    s.Ia./p.

2742 Σωσίπολις
    GDI 2229    freed under
    Delphi    a paramone
    187/6a.    restriction
    ἐνδογενής

2743 Σωσίπολις
    GDI 1870
    Delphi
    177/6a.
    freed under a paramone restriction

2744 Σωσίπολις
    IG IX.1².137c
    Calydon
    med. s.IIa.
    ἐνδογενής

2745 Σωσίπολις
    IG IX.2.207f,5
    Melitea
    s.Ia./p.

2746 Σωσίπολις
    BCH 79 p.446, l.39
    Scotussa
    c.160/59a.
    and see SEG 15 370

2747 Σωσίπολις
    BCH 79 p.447, l.15
    Scotussa
    c.136a.
    and see SEG 15 370

2748 Σώσιππος
    GDI 2159
    Delphi
    139/8-122/1a.
    freed under a paramone restriction
    οἰκογενής

2749 Σώσιππος
    SEG 12 242
    Delphi
    s.Ia.

2750 Σωσίς
    GDI 1700
    Delphi
    153/2-144/3a.

2751 Σωσ[ιστ]ράτα
    IG IX.1.375
    Naupactus
    med. s.IIa.
    οἰκογενής

2752 Σωσιφάνης
    IG XII.3.1303,5
    Thera
    fin. s.Ia.

2753 Σωσίφιλος
    GDI 1889
    Delphi
    163/2a.
    ἐνδογενής

2754 Σωσίχα
    GDI 1867    freed under
    Delphi    a paramone
    177/6a.    restriction

2755 Σωσίχα
    GDI 1974
    Delphi
    182/1a.
    τὸ γένος ἐγ Βοιωτίας

2756 Σωσίχα
    IG VII 3386  freed under
    Chaeronea  a paramone
    s.IIa.  restriction

2757 Σώσιχα
    IG VII 3391
    Chaeronea
    s.IIa.
    freed under a paramone restriction

2753 Σωσίχα
    GDI 1955
    Delphi
    153/2-144/3a.

2759 Σωσίχα
    GDI 1946
    Delphi
    153/2-144/33a.
    ἐνδογενής

2760 Σωσίχα
    FD III 6,70
    Delphi
    121-108a.
    οἰκογενής

2761 Σωσίχα
    FD III 6,105
    Delphi
    init. s.Ia.
    ἐνδογενής

2762 Σωσίχα
    FD III 3,389
    Delphi
    med. s.Ia.
    οἰκογενής

2763 Σωσίχα
    FD III 3,211
    Delphi
    163/2a.?

2764 Σώσιχα
    IG IX.2.75,30
    Lamia
    c.140a.

2765 Σωσίχα
    GDI 2096
    Delphi
    153/2-144/3a.

2766 Σωσίχα
    GDI 2078
    Delphi
    177/6a.

2767 Σωσίχα
    GDI 2236
    Delphi
    177/6a.
    ἐνδογενής

2768 Σωσίχα
    IG VII 3325
    Chaeronea
    s.IIa.
    freed under a paramone
     restriction

2769 Σωσίχα
    GDI 1787
    Delphi
    174/3a.

2770 Σωσίχα
    GDI 2034   freed under
    Delphi      a paramone
    186/5a.     restriction

2771 Σωσίχα
    GDI 1757   freed under
    Delphi      a paramone
    165/4a.     restriction

2772 Σωσίχα
    GDI 1820
    Delphi
    163/2a.?

2773 Σωσίχα
    FD III 3,23
    Delphi
    med. s.IIa.

2774 Σωσίχα
    GDI 1852
    Delphi
    174/3a.
    freed under a paramone
     restriction

2775 Σώσιχα
    FD III 3,133
    Delphi
    fin. s.IIa.
    ἐνδογενής

2776 Σωσίχα
    FD III 2,225
    Delphi
    140/39a.
    ἐνδογενής

2777 Σωσίχα
    BCH 79 p.444, l.20
    Scotussa
    c.161/0a.
    and see SEG 15 370

2778 Σωσίχα
    IG IX.1.34
    Stiris
    s.IIa.

2779 Σωσίχα
    BCH 79 p.444 l.25
    Scotussa
    c.161/0a.
    and see SEG 15 370

2780 Σῶσος
    JOAI Beibl. 14, p.146,
    l.19
    Argive Heraeum
    fin. s.IIa.

2781 Σῶσος
    BCH 35 p.234 l.15
    Atrax
    s.Ia./p.

2782 Σ[ῶ]σος
    IG IX.2.550,20
    Larisa
    s.Ia./p.

2783 Σῶσος
    FD III 3,28
    Delphi
    160/59a.?
    τὸ γένος Σύρος

2784 Σῶσος
    FD III 3,32  freed under
    Delphi      a paramone
    med. s.IIa.  restriction
    τὸ γένος Καππάδοκα

2785 Σῶσος
    IG IX.2.14d
    Hypata

2786 Σῶσος
    GDI 2143
    Delphi
    153/2-144/3a.
    τὸ γένος Καππάδοκα

2787 Σῶσος
    GDI 1878
    Delphi
    162/1a.
    τὸ γένος Γαλάτ[α]ν

2788 Σῶσος
    GDI 2319  freed under
    Delphi    a paramone
    30/29a.   restriction

2789 Σώσους
    Klio 52 p.18, l.10
    Larisa
    140-130a.
    but see BCH 1971 p.278,
    l.28

2790 Σωστράτα
    IG IX.1².624c,8
    Naupactus
    c. med. s.IIa.
    and see IG IX.1.375
    οἰκογενής

2791 Σωστράτα
    GDI 2338
    Delphi
    fin. s.Ia.

2792 Σωστράτα
    GDI 1871
    Delphi
    176/5a.

2793 Σωστράτα
    FD III 3,326 and 327
    Delphi
    fin. s.Ia.

2794 Σωστράτα
    FD III 3,303 and 304
    Delphi
    init. s.Ip.  freed under
                     a paramone
    οἰκογενής  restriction

2795 Σωστρ[άτα]
    IG IX.1².677,4
    Physcus
    c. 166/5a.

2796 Σωστράτα
    FD III 1,566
    Delphi
    fin. s.IIa.
    freed under a paramone
    restriction
    τὸ γένος Σύραν

2797 Σωστράτα
    FD III 6,39 and 40
    Delphi
    init. s.Ip.
    freed under a paramone
    restriction

2798 Σωστράτα
    FD III 6,44
    Delphi
    init. s.Ip.

2799 Σωστράτα
    GDI 1746
    Delphi
    169/8a.

2800 Σωστράτα
    GDI 2066
    Delphi
    188/7a.
    freed under a paramone
    restriction

2801 Σωστράτα
    IG IX.2.206,Ia,10
    Melitea
    med. s.Ia.

2802 Σωστράτη
    IG II²1559, 93-95
    Athens
    c.330a.
    ταλασιουργ έμ Μ οἰκ

2803 [Σ]ωστράτη
    IG II²1558, 24-28
    Athens
    c.330a.
    παιδίο ἐ[ν Κεραμ]έω
    οἰκοῦ

2804 Σωστράτη
    IG IX.2.1232,34
    Phalanna
    s.I/IIp.

2805 Σ[ω]στ[ρ]ά[τ]η
    IG IX.2.568,34
    Larisa
    s.II/Ia.

2806 Σώστρατος
    AE 1932 Chronika, p.21,
    l.25
    Larisa
    s.Ia./p.

2807 Σώστρατος
    AE 1932 Chronika, p.24,
    l.33
    Larisa
    s.Ia./p.

2808 [Σ]ώστρατος
    IG II²1568, 21-23
    Athens
    c.330a.
    Σ. : σκ[υτοτό]

2809 Σώστρατος
    FD III 3,308    freed under
    Delphi          a paramone
    fin. s.Ia.      restriction

2810 Σώστρατος
    FD III 3,440
    Delphi
    fin. s.Ia.
    οἰκογενής

2811 Σώστρατος
    JOAI Beibl. 14, p.146,
    l.8
    Arvive Heraeum
    fin. s.IIa.

2812 Σώσ[τ]ρατος
    SEG 14 428
    Delphi
    s.Ip. prior

2813 Σώστρατος
    FD III 3,14
    Delphi
    156/5a.
    οἰκογενής

2814 Σώστρατος
    FD III 3,16
    Delphi
    157/6a.

2815 Σώστρατος
    IG IX.2.75,19
    Lamia
    c.140a.

2816 Σώστρατος
    GDI 2107
    Delphi
    153/2-144/1a.
    freed under a paramone
    restriction
    οἰκογενής

2817 [Σ]ω[σ]ύλ[α]
    AE 1917 no.309 p.18
    Cyretiae
    s.Ia.

2818 Σωσύλα
    FD III 3,38
    Delphi
    med. s.Ia.
    οἰκογενής

2819 Σωσύλα
    IG IX.2.109b,47
    Halos
    med. s.Ia.

2820 Σωσύλα
    BCH 35 p.233 l.13
    Atrax
    s.Ia./p.

2821 Σωσύλα
    BCH 79 p.447, l.16
    Scotussa
    c.136a.
    and see SEG 15 370

2822 Σωσύλα
    FD III 6,137
    Delphi
    med. s.Ip.

2823 Σωσύ[λ]α
    IG IX.2.1296,18
    Oloosson
    14/13a.

2824 Σωσύλλα
IG IX.2.133
Pyrasos
181/0a.

2825 Σωσύλος
BCH 79 p.448, l.47
Scotussa
c.159a.
and see SEG 15 370

2826 Εΰσυλος
JOAI Beibl. 14, p.146, l.18
Argive Heraeum
fin. s.IIa.

2827 [Σ]ωσύλος
RE 1914 p.233 no.289
Doliche
init. s.Ip.

2828 Σωσύλος
IG IX.2.539,38
Larisa
s.Ia.

2829 Σωσυλός
AE 1930 no.1 p.176
Larisa
s.Ia./p.

2830 Σωσυλός
AE 1923 no.379 p.146
Doliche?
s.IIp.

2831 Σωσύλος
IG IX.2.71,6
Lamia
s.Ia./p.

2832 Σωσύλος
IG IX.2.71,5
Lamia
s.Ia./p.

2833 Σωσώ
IG IX.2.109a,53
Halos
med. s.Ia.

2834 Σωσώ
GDI 2107
Delphi
153/2-144/3a.

2835 Σωσώ
IG IX.2.14a
Hypata

2836 Σωσώ
IG IX.2.19
Hypata
s.Ip.

2837 Σωσώ
IG VII 3202         freed under
Orchomenos       a paramone
init. s.IIa.        restriction

2838 Σωσώ
IG IX.1².679,4
Physcus
med. s.IIa.
freed under a paramone
restriction
τὸ γένος Σα[ρματίν?]

2839 Σωσώ
GDI 2279
Delphi
153/2-144/3a.
τὸ γένος Μακέταν

2840 Σωσώ
IG IX.1.35
Stiris
init. s.IIa.

2841 Σωσώ
BCH 79 p.447, l.27
Scotussa
c.136a.
and see SEG 15 370

2842 Σωσώ
SEG 25 621
Calydon
s.IIp. post.

2843 Σωσώ
GDI 1847
Delphi
166/5a.
τὸ γένος Θραῖσσαν

2844 Σωσώ
GDI 1836         freed under
Delphi           a paramone
168/7a.          restriction
ἐνδογενής

2845 Σωσώ
GDI 1764         freed under
Delphi           a paramone
169/8a.          restriction

2846 Σωσώ
GDI 1772
Delphi
170/69a.

2847 Σωσώ
GDI 2053
Delphi
184/3a.
τὸ γένος ἐξ Ἀμφίσσας

2848 Σωσώ
GDI 2059
Delphi
196/5a.

2849 Σωσώ
FD III 2,226
Delphi
138/7a.
τὸ γένος ἐ[κ Δε]λφων

2850 Σωσώ
FD III 2,129
Delphi
93/2-81/0a.
freed under a paramone restriction

2851 Σωσώ
FD III 2,133
Delphi
s.Ia.
ἐνδογενής

2852 Σωσώ
FD III 4,71
Delphi
init. s.Ia.
freed under a paramone restriction

2853 [Σωσ]ώ?
AE 1917 no.320 p.36
Cyretiae
s.Ip.

2854 Σωσώ
IG IX.1².639,7
Naupactus
c. 135/4a.
freed under a paramone restriction
οἰκογενής

2855 Σωσώ
IG IX.1².638,4
Naupactus
c. 141/0a.
freed under a paramone restriction
οἰκογενής

2856 Σωσώ
BCH 83 p.479, no.13
Delphi
init. s.Ia.
apolysis of GDI 1942

2857 Σωσώ
GDI 1953
Delphi
153/2-144/3a.
freed under a paramone restriction

2858 Σωσώ
GDI 1940
Delphi
153/2-144/3a.
τὸ γένος Μακέταν

2859 Σωσώ
GDI 1942
Delphi
153/3-144/3a.
freed under a paramone restriction

2860 Σωσώ
FD III 3,418 and 419
Delphi
fin. s.Ia.
freed under a paramone restriction

2861 Σώσων
IG VII 3376
Chaeronea
s.IIa.
οἰκογενής

2862 Σώτακος
SEG 25 621
Calydon
s.IIp. post.

2863 Σωτᾶς
BCH 59 p.51 l.24
Crannon
post. s.Ia.

2864 Σωτᾶς
IG IX.2.544,13
Larisa
41/2p.

2865 Σωτᾶς
IG IX.2.277,9
Metropolis
s.Ia./p.

2866 Σωτείμα
FD III 3,284
Delphi
fin. s.Ia.

2867 Σώτειμος
IG IX.2.14e
Hypata

2868 [Σω]τειρίς
Deltion 2 p.220, line 4
Coronea

2869 Σωτ[ειρίς]
    Deltion 2 p.221, line 5?
    Coronea

2870 Σωτέλης
    GDI 1998
    Delphi
    192/1a.

2871 Σωτηρία
    Deltion 2 145
    Beroea
    239p.
    οἰκογενής

2872 Σωτη[ρ]ίδας
    GDI 2022
    Delphi
    153/2-144/3a.
    ἐνδογενής

2873 Σωτηρίδας
    FD III 4,71  freed under
    Delphi      a paramone
    init. s.Ia.  restriction

2874 Σωτηρίδας
    GDI 1703
    Delphi
    153/2-144/3a.
    ἐνδογενής

2875 Σωτηρίδας
    FD III 3,127
    Delphi
    init. s.Ia.
    freed under a paramone
    restriction

2876 Σωτηρίδας
    IG IX.2.24
    Hypata
    s.IIp.

2877 Σωτηρίδας
    GDI 2181
    Delphi
    143/2a.
    οἰκογενής

2878 Σωτηρίδης
    IG II²1570, 80-81
    Athens
    c.330a.
    Σ. ἐμ Μ[ελίτηι οἰκ]

2879 [Σ]ωτ[η]ρίδης
    IG II²1558, 20-23
    Athens
    c.330a.
    δυηλάτ [ἐν] Διομεῖ οἰκῶν

2880 Σ[ω]τη[ρίς]
    IG II²1561, 26-30
    Athens
    c.330a.
    ἐμ Μελίτηι οἰκοῦσα
    σ[η]σα[μόπω]

2881 [Σ]ωτηρίς
    IG II²1560, 21-25
    Athens
    c.330a.
    [τ]αλασιουρ[γός]

2882 Σωτηρίς?
    IG II²1553, 13-16
    Athens
    c.330a.
    Ἀλωπεκῆσι οἰκοῦσα,
    [καπηλ]ίς

2883 Σωτηρίς
    GDI 2308
    Delphi
    113-100a.
    οἰκογενής

2884 Σωτηρίς
    IG VII 3353
    Chaeronea
    s.IIa.

2885 Σωτηρίς
    FD III 3,434
    Delphi      freed under
    fin. s.Ia.  a paramone
    οἰκογενής  restriction

2886 Σωτηρίς
    FD III 6,78
    Delphi
    113-100a.
    οἰκογενής

2887 Σωτηρίς
    FD III 3,311  freed under
    Delphi       a paramone
    fin. s.Ia.   restriction

2888 Σωτηρίς
    FD III 3,358
    Delphi
    init. s.Ia.
    τὸ γένος Θρᾶισσα

2889 Σωτηρίς
    FD III 3,351 and 354
    Delphi
    init. s.Ia.
    freed under a paramone
    restriction
    apolysis from paramone
    οἰκογενής

2890 Σωτηρίς
    FD III 3,387
    Delphi
    fin. s.Ia.
    freed under a paramone
    restriction
    οἰκογενής

2891 Σωτη[ρ]ίς
    IG IX.2.15
    Hypata
    c.40p.

2892 Σωτηρίς
    IG IX.2.109a,50
    Halos
    med. s.Ia.

2893 Σωτηρίς
    GDI 2151 and FD III,3,43
    Delphi
    63/2-51/0a.
    freed under a paramone
    restriction
    apolysis from paramone
    τὸ γένος Βωτᾶν

2894 Σωτηρίς
    IG IX.1².688
    Physcus
    c. 166a.
    freed under a paramone
    restriction
    οἰκογενής

2895 Σωτηρίς
    IG IX.1².687
    Physcus
    s.II a.
    freed under a paramone
    restriction

2896 Σωτηρίς
    GDI 2186
    Delphi
    153/2-144/3a.
    freed under a paramone
    restriction
    τὸ γένος Θραῖσαν

2897 Σωτηρίς
    AE 1917 no.310 p.20
    Cyretiae
    s.Ip.

2898 Σωτηρίς
    IG XII.3.1302,18
    Thera
    s.IIa.

2899 Σωτηρίς
    IG IV² 359
    Epidaurus
    s.IIIa.

2900 Σωτηρίς
    GDI 1839
    Delphi
    158/7a.
    τὸ γένος Θραῖσσαν

2901 Σωτηρίς
    GDI 1840
    Delphi
    153/2-144/3a.

2902 Σωτῆρις
    FD III 1,317
    Delphi
    init. s.Ia.

2903 Σωτηρίς
    FD III 3,6
    Delphi
    162/1a.?
    freed under a paramone
    restriction
    [τὸ γένος] Θραῖσσαν

2904 Σωτηρίς
    GDI 1697
    Delphi
    139/8-122/1a.
    οἰκογενής

2905 Σωτηρίς
    GDI 2041
    Delphi
    197/6a.

2906 Σωτηρίς
    FD III 4,71  freed under
    Delphi  a paramone
    init. s.Ia.  restriction

2907 Σωτηρίς
    FD III 4,72
    Delphi
    init. s.Ia.
    οἰκογενής

2908 [Σ]ωτηρίς
    FD III 2,131
    Delphi
    84/3-60/59a.
    freed under a paramone
    restriction
    τὸ γένος Β(οι)ωτά

2909 Σωτηρίς
    FD III 6,42
    Delphi
    init. s.Ip.

2910 Σωτηρίς
    IG IV.529
    Argos
    s.IIIa.

2911 Σωτηρίς
   IG IX.1².754
   Amphissa
   s.Ia.?
   freed under a paramone
   restriction
   τὸ γένος Βοιώτιον

2912 Σωτηρίς
   BCH 59 p.202 l.6
   Daulis
   init. s.IIa.
   freed under a paramone
   restriction

2913 Σωτηρίς
   BCH 35 p.233 l.16
   Atrax
   s.Ia./p.

2914 Σωτηρίς
   Polemon B'Parart p.15
   no.18
   Thaumakoi
   s.Ia.

2915 Σωτηρίς
   IG IX.2.288,7
   Gomphi
   s.I/IIp.

2916 Σωτῆρις
   IG IX.1.127
   Elatea
   s.IIa.

2917 Σωτηρίς
   Hesperia 37 p.371 line 57
   Athens
   c.330a.
   ἐμ Μελ[ιτηι οἰκ]
   τυροπῶλην

2918 Σωτηρίς
   SEG 12 241
   Delphi
   s.Ia.

2919 Σωτηρίς
   IG IX.2.1042,102
   Gonnus
   s.Ip.

2920 Σωτηρίς
   FD III,6,16
   Delphi
   init. s.Ip.

2921 Σωτηρίς
   FD III,6,15
   Delphi
   init. s.Ip.

2922 Σωτηρίχα
   IG IX.1².639,9
   Naupactus
   c. med. s.IIa.
   freed under a paramone
   restriction
   οἰκογενής

2923 Σωτηρίχα
   IG IX.2.1232,23
   Phalanna
   s.I/IIp.

2924 Σωτηρίχα
   IG IX.1.190
   Tithora
   init. s.IIa.
   freed under a paramone restriction

2925 Σωτηρίχα
   IG IX.2.276a,b
   Metropolis
   s.I/IIp.

2926 Σωτηρίχα
   IG IX.1².92c
   Near Thermus
   s.IIp.

2927 Σωτηρίχα
   FD III 6,22
   Delphi
   init. s.Ip.
   οἰκογενής
   freed under a paramone restriction

2928 Σωτηρίχα
   FD III 6,43
   Delphi
   init. s.Ip.
   οἰκογενής
   freed under a paramone restriction

2929 Σωτηρίχα
   FD III 6,13
   Delphi
   init. s.Ip.

2930 Σωτηρίχα
   FD III 4,73
   Delphi
   init. s.Ip.

2931 Σωτη[ρί]χα
   IG VII 3314
   Chaeronea
   s.IIa.
   freed under a paramone
   restriction

2932 [Σωτη]ρίχα
   FD III 3,390 and 398
   Delphi
   s.Ia.
   freed under a paramone restriction

2933 Σωτηρίχα
    FD III 3,337 and 341
    Delphi
    med. s.Ia.
    freed under a paramone
    restriction
    ἐνδογενής

2934 Σωτηρίχα
    FD III 3,310
    Delphi
    init. s.Ip.
    freed under a paramone
    restriction

2935 Σωτηρίχα
    IG VII 3359
    Chaeronea
    s.IIa.

2936 Σωτηρίχα
    FD III 6,135
    Delphi
    med. s.Ip.
    οἰκογενής

2937 Σωτηρίχα
    FD III 6,130
    Delphi
    med. s.Ip.
    οἰκογενής

2938 Σωτηρίχα
    FD III 3,273
    Delphi
    fin. s.Ia.
    freed under a paramone
    restriction

2939 Σωτήριχος
    GDI 1938
    Delphi
    153/2-144/3a.
    τὸ γένος Ἀρμένιος

2940 Σωτήριχος
    GDI 1903
    Delphi
    154/3a.
    τὸ γένος Θραῖκα

2941 Σωτήριχος
    IG IX.1².676,13
    Physcus
    c. 166/5a.
    freed under a paramone
    restriction

2942 Σωτήριχος
    GDI 2264
    Delphi
    153/2-144/3a.
    ἐνδογενής

2943 Σωτήριχος
    IG IX.2.16,15
    Hypata
    132/3p.

2944 Σωτήριχος
    FD III 6,15    freed under
    Delphi         a paramone
    init. s.Ip.    restriction

2945 Σωτήριχος
    FD III 6,11    freed under
    Delphi         a paramone
    init. s.Ip.    restriction

2946 Σωτήριχος
    GDI 2054
    Delphi
    187/6a.

2947 Σωτήριχος
    GDI 1832
    Delphi
    173/2a.
    freed under a paramone
    restriction
    τὸ γένος Θραῖκα

2948 Σωτήριχος
    IG IX.2.463,11
    Crannon
    med. s.Ia.

2949 Σώτηρος
    FD III 1,311
    Delphi
    init. s.Ip.
    οἰκογενής

2950 Σώτηρος
    FD III 2,212
    Delphi
    138/7a.

2951 Σωτηρώ
    FD III 3,313
    Delphi
    init. s.Ip.
    freed under a paramone
    restriction
    οἰκογενής

2952 Σωτία
    IG IX.1².96a
    Phistyum
    fin. s.IIIa.

2953 Σωτίμα
    GDI 2176
    Delphi
    140/39a.
    οἰκογενής

2954 Σώτιμος
    IG VII 3314
    Chaeronea
    s.IIa.
    freed under a paramone
    restriction

2955 Σώτιμος
    IG IX.1.189
    Tithora
    init. s.IIa.
    freed under a paramone
    restriction

2956 Σώτιον
    GDI 2006
    Delphi
    190/89a.
    freed under a paramone
    restriction
    τὸ γένος Θραῖσσαν

2957 Σωτίων
    BCH 79 p.444, l.12
    Scotussa
    init. s.IIa.
    and see SEG 15 370

2958 Σωτίων
    Evangelides, no.3, p.248
    Dodona
    s.IV/IIIa.

2959 Σωτίων
    GDI 2239
    Delphi
    187/6a.

2960 Σωτίων
    GDI 1836
    Delphi
    168/7a.
    ἐνδογενής

2961 Σωτίων
    GDI 1774
    Delphi
    170/69a.

2962 Σωτίων
    GDI 1782
    Delphi
    167/6a.

2963 Σωτώ
    GDI 2041
    Delphi
    197/6a.

2964 Σωτώ
    GDI 1741
    Delphi
    169/8a.

2965 Σωτώ
    GDI 2086
    Delphi
    196/5a.

2966 Σωτώ
    IG IX.1$^2$.131
    Arsinoe
    s.IIa.

2967 Σωφρόνα
    GDI 2182
    Delphi
    143/2a.
    τὸ γένος ἐκ Φανατέος

2968 Σωφρόνα
    GDI 2131
    Delphi
    192/1a.
    οἰκογενής

2969 Σωφρόνα
    GDI 1714
    Delphi
    153/2-144/3a.
    freed under a paramone
    restriction
    ἐνδογενής

2970 Σωφρόνα
    FD III 3,15
    Delphi
    157/6a.
    τὸ γένος Καππαδόκισσαν

2971 Σωφρόνα
    GDI 1947
    Delphi
    153/2-144/3a.
    οἰκογενής

2972 Σωφρόνα
    FD III 3,311 freed under
    Delphi     a paramone
    fin. s.Ia.     restriction

2973 Σωφρόνα
    FD III 6,93
    Delphi
    init. s.Ia.
    οἰκογενής

2974 Σωφρόνα
    BCH 22 p.57, no.53
    Delphi
    fin. s.Ia.
    freed under a paramone
    restriction

2975 Ταλθ[ύαιος]
    BCH 95 p.562, l.23
    Larisa

2976 Ταρούλας
    Deltion 11 no.5 p.58-9
    Larisa

2977 Ταυρίων
    GDI 1879
    Delphi
    193/2a.
    freed under a paramone restriction

2978 Τειμαγόρα
    IG IX.2.550,3
    Larisa
    s.Ia./p.

2979 Τειμόθεος
    GDI 2096
    Delphi
    153/2-144/3a.
    οἰκογενής

2980 Τειμοκράτεια
    IG IX.1.63
    Daulis

2981 Τειμοθέα
    IG IX.2.323
    Aeginium
    c.178a.

2982 Τελέστας
    GDI 1715
    Delphi
    161/0a. ?
    freed under a paramone restriction
    οἰκογενής

2983 Τελεσφόρος
    IG IX.2.15,9
    Hypata
    c.40p.

2984 Τελεσφόρος
    IG IX.2.547,8
    Larisa
    c.131/2p.

2985 Τέλλευς
    IG IV.529
    Argos
    s.IIIa.

2986 Τερτία
    IG IX.2.13,14
    Hypata
    47/8p.

2987 Τέχνον
    FD III 6,12
    Delphi
    init. s.Ip.

2988 Τέχνων
    GDI 1702
    Delphi
    160/59a. ?

2989 Τήλεφος
    Deltion 11 no.6 p.63
    Larisa

2990 Τηρεύς
    GDI 1812
    Delphi
    165/4a. ?

2991 Τιμάγορος
    GDI 2069
    Delphi
    194/3a.

2992 Τιμάνδρα
    FD III 3,295
    Delphi
    med. s.Ia.
    οἰκογενής

2993 Τίμανδρος
    GDI 1865
    Delphi
    175/4a.
    freed under a paramone restriction

2994 Τιμίας
    ASAL, 60,II,no.23, p.92
    Epidaurus
    fin. s.IIIa.
    cf. IG IV² 376

2995 Τιμόθεος
    GDI 2096
    Delphi
    c.150a.

2996 Τιμόθεος
    IG IX.2.276a,17
    Metropolis
    s.I/IIp.

2997 Τιμόκλεια
    JOAI Beibl. 14, p.146, l.6
    Argive Heraeum
    fin. s.IIa.

2998 Τιμοκράτεια
    GDI 1833
    Delphi
    168/7a.

2999 [Τ]ιμοκράτης
    IG IX.2.275,12
    Metropolis
    s.Ia./p.

3000 Τιμολέων
IG IX.1².680
Physcus
med. s.IIa.

3001 [Τιμο]ν[ό]α?
RevPhil 35 (1911) no.40
p.283
Thaumakoi
s.Ia.

3002 Τιμοξένα
SEG 25 640       restriction
Milea            a paramone
s.IIp. post. freed under
οἰκογενής

3003 Τιμώ
FD III 1,309
Delphi
init. s.Ia.
ἐνδογενής

3004 Τιμώ
FD III 2,222
Delphi
139/8-122/1a
τὸ γένος Ἰλλυράν

3005 Τιμώ
IG II²1569, 26-28
Athens
c.330a.
Τ. ἐμ Μελίτει οἰκοῦσα

3006 Τιμώ
IG IX.1².672,32
Physcus
176/5a.
freed under a paramone
restriction

3007 Τίμων
GDI 2069
Delphi
194/3a.

3008 Τίμων
GDI 1762
Delphi
169/8a.

3009 Τοίμαχος
JHS 1881 p.116
Dodona
init. s.IIa.?
but see GDI 1352

3010 Τρίτυ[λλος?]
IG II²1575, 21-23
Athens
c.330a.

3011 Τρόφιμος
IG V.1.1473
Messene

3012 Τρόφιμος
IG IX.2.1119,12
Demetrias
s.IIp.

3013 Τρύπων
JHS 1881 p.118
Dodona
s.IVa.
but see GDI 1351

3014 Τρύφαινα
FD III 3,332    freed under
Delphi          a paramone
fin. s.Ia.      restriction

3015 Τρύφενα
IG IX.2.1117,3
Demetrias
s.IIp.

3016 Τρυφέρα
FD III 3,337 and 340
Delphi
med. s.Ia.
freed under a paramone
restriction
apolysis from paramone
ἐνδογενής

3017 Τρυφέρα
FD III 3,326 and 327
Delphi
s.Ia./p.
freed under a paramone
restriction

3018 Τρυφέρα
IG IX.2.550,14
Larisa
s.Ia./p.

3019 Τρυφέρα
IG IX.2.415a,32
Pherae
med. s.Ia.

3020 Τρυφέρα
FD III 6,24
Delphi
init. s.Ip.
οἰκογενής

3021 Τρυφέρα
FD III 6,31
Delphi
init. s.Ip.
freed under a paramone
restriction

3022 Τρύφερον
　　　FD III 3,409
　　　Delphi
　　　med. s.Ia.
　　　cf. FD III3,273
　　　οἰκογενής?

3023 Τρύ[φ]ερον
　　　BCH 66-7 p.82, no.9
　　　Delphi
　　　med. s.IIa.
　　　ἐνδογενής

3024 Τρύφων
　　　FD III 6,119
　　　Delphi
　　　med. s.Ip.

3025 Τρύφων
　　　FD III 1,337
　　　Delphi
　　　fin. s.IIa.
　　　τὸ γένος Γύρον

3026 Τρ[υ]φῶσα
　　　IG IX.2.1297,22
　　　Oloosson
　　　s.Ia./p.

3027 Τυραννίας
　　　IG IX.2.109b,15
　　　Halos
　　　med. s.Ia.

3028 Τυράννις
　　　IG IX.2.568,23
　　　Larisa
　　　s.II/Ia.

3029 Τύραννος
　　　IG IX.2.1042,49
　　　Gonnus
　　　Aetate Flaviorum
　　　see also Gonnoi, p.164,
　　　no.139

3030 Τύραννος
　　　FD III 6,107
　　　Delphi
　　　med. s.Ip.?

3031 Τυρήν
　　　Hesperia 28 p.217, l.433
　　　Athens
　　　fin. s.IVa.

3032 Τύχη
　　　IG IX.2.1115,3
　　　Demetrias
　　　s.Ip.

3033 Τύχη
　　　Annuario, 1944-5, no.173
　　　Calymna
　　　s.IIp.

3034 Τύχη
　　　Annuario, 1944-5, no.155
　　　Calymna
　　　s.IIp.

3035 Τύχη
　　　Annuario, 1944-5, no.175
　　　Calymna
　　　s.IIp.

3036 Τυ[χ]ικὴ
　　　AE 1917 no.305 p.12
　　　Cyretiae
　　　s.Ia.

3037 Τυχικὴ
　　　IG IX.2.21,7
　　　Hypata
　　　c.130p.

3038 Τυχικὴ
　　　BCH 94 p.1054
　　　Leukopetra
　　　c.180p.
　　　see SEG 24 498a

3039 [ʿΤα]κίνθ[η]
　　　IG XII.3.1302
　　　Thera
　　　s.IIa.

3040 ʿΤακίνθιον
　　　FD III 6,47
　　　Delphi
　　　init. s.Ip.

3041 ʿΤγία
　　　Annuario, 1944-5, no.158
　　　Calymna
　　　s.IIp.

3042 ʿΤλας
　　　FD III 6,25 and 27
　　　Delphi
　　　init. s.Ip.
　　　paramone and apolysis
　　　from paramone
　　　οἰκογενής

3043 ʿΤμνίς
　　　IG IX.2.342
　　　Cyretiae
　　　s.IIp.

3044 Φαιδίμα
　　　IG IX.2.1295,7
　　　Oloosson
　　　s.Ia./p.

3045 Φαινέας
　　GDI 1723　　freed under
　　Delphi　　　a paramone
　　168/7a.　　restriction

3046 Φαινίκα
　　GDI 1769
　　Delphi
　　173/2a.

3047 Φαλάκρα
　　GDI 1747　　freed under
　　Delphi　　　a paramone
　　166/5a.　　restriction
　　τὸ γένος Αἰτωλὰ ἐκ
　　Καλλιπόλιος

3048 Φαλακρίων
　　GDI 1978　　freed under
　　Delphi　　　a paramone
　　194/3a.　　restriction

3049 Φάνης?
　　IG IX.1².677,19
　　Physcus
　　137/6a.?

3050 [Φ]ανόκλεια
　　IG II²1576, 65-68
　　Athens
　　c.330a.
　　Φ. ἐμ Μελίτ οἴκο

3051 Φαρνάκης
　　FD III 3,268
　　Delphi
　　init. s.Ia.
　　οἰκογενής

3052 Φάρο[s]
　　IG XII.3.336
　　Thera
　　s.IIIa.

3053 Φειδέστρατος
　　IG II² 1558, 55-57
　　Athens
　　fin. s.IVa.
　　χρυσοχόον [ἐν Κυ]δαθ οἴκ

3054 Φερετίμα
　　FD III 6,110
　　Delphi
　　fin. s.IIa.
　　cf. FD III 2,246

3055 Φερετίμα
　　FD III 2,246
　　Delphi
　　138/7a.
　　freed under a paramone
　　restriction

3056 Φιάλα
　　IG IX.2.1295,29
　　Oloosson
　　s.Ia./p.
　　but see AE 1913, p.171

3057 Φίλα
　　BCH 66-7 p.71, no.2
　　Delphi
　　med. s.IIa.
　　τὸ γένος Σαρματίν

3058 Φίλα
　　GDI 1724
　　Delphi
　　168/7a.
　　τὸ γένος Σαρμάτισσ[α]ν

3059 Φίλα
　　GDI 2047
　　Delphi
　　192/1a.
　　τὸ γένος Θραῖσσαν

3060 Φίλα
　　AE 1917 p.4 no.303,10
　　Cyretiae
　　s.Ip.

3061 Φίλα
　　IG IX.1².673
　　Physcus
　　c. 167a.

3062 Φίλαγρος
　　GDI 1794
　　Delphi
　　176/5a.

3063 [Φίλα]γρος
　　FD III 3,321
　　Delphi
　　fin. s.Ia.
　　οἰκογενής

3064 Φίλαθ[λος]
　　AE 1932 Chronika, p.25,
　　1.16
　　Larisa
　　s.Ia./p.

3065 Φιλαινίς
　　IG II²1575, 3-7
　　Athens
　　c.330a.
　　ἐμ Σ[καμβωνιδῶν] οἰκοῦσα

3066 Φιλα[ι]νώ
　　AE 1917 no.303 p.3
　　Cyretiae
　　s.Ip.

3067 Φι[λάρ]γυρον
　　　FD III 3,272 (and 271?)
　　　Delphi
　　　30/29a.?
　　　apolysis from paramone

3068 Φιλάργυρος
　　　FD III 3,409 bis
　　　Delphi
　　　med. s.Ia.
　　　but cf. FD III 6,114

3069 Φιλάργυρος
　　　IG IX.2.20c
　　　Hypata
　　　s.Ip.

3070 Φιλάργυρος
　　　BCH 35 p.232 l.14
　　　Atrax
　　　s.Ia./p.

3071 Φιλάργυρος
　　　IG IX.2.550,12
　　　Larisa
　　　s.Ia./p.

3072 Φιλαρχίδας
　　　GDI 1950
　　　Delphi
　　　185/4a.
　　　τὸ γένος Λάκωνα

3073 Φιλᾶς
　　　FD III 6,114
　　　Delphi
　　　med. s.Ia.
　　　cf. FD III 3,409

3074 Φίλας
　　　IG IX.2.1297,19
　　　Oloosson
　　　s.Ia./p.

3075 Φιλείας
　　　BCH 79 p.444 l.7
　　　Scotussa
　　　init. s.IIa.
　　　and see SEG 15 370

3076 Φιλέρασ[τος]
　　　IG IX.2.15,2
　　　Hypata
　　　c.40p.

3077 Φιλέρως
　　　IG IX.2.562,9
　　　Larisa
　　　s.I/IIp.

3078 Φιλέρως
　　　AE 1930 p.176, no.1,
　　　l.28
　　　Larisa
　　　fin. s.Ia.

3079 Φιλέρως
　　　FD III 3,428 and 429
　　　Delphi
　　　fin. s.Ia.
　　　freed under a paramone
　　　restriction

3080 Φιλέταιρος
　　　IG IX.1$^2$.683
　　　Physcus
　　　s.IIa.
　　　freed under a paramone
　　　restriction
　　　οἰκογενής

3081 Φιλέταιρος
　　　Annuario 1944-5, no.199
　　　Calymna
　　　s.IIp.

3082 Φιλημ[άτιον]
　　　IG IX.2.15,11
　　　Hypata
　　　c.40p.

3083 Φι[λη]μάτιον
　　　IG IX.2.71,8
　　　Lamia
　　　s.Ia./p.

3084 Φιλημάτιον
　　　IG IX.2.1042,25
　　　Gonnus
　　　s.Ia./p.

3085 [Φ]ιλημ[άτι]ον
　　　AE 1905 p.194, no.9
　　　Thessaly

3086 Φιλημάτιον
　　　IG IX.2.562,15
　　　Larisa
　　　s.I/IIp.?

3087 Φιλημ[ά]τιον
　　　AE 1923 p.145, no.377,
　　　l.4
　　　Doliche
　　　s.IIp.
　　　cf. IG IX,2,1270 and
　　　AE 1913 p.158

3088 Φιλήτη
　　　GDI 2338
　　　Delphi
　　　fin. s.Ia.

3089 Φίλητος
    IG IX.2.16,11
    Hypata
    131/2p.

3090 Φιλικώ
    IG IX.2.276a,17
    Metropolis
    s.I/IIp.

3091 Φιλῖνος
    IG IX.1².137a,5
    Calydon
    med. s.IIa.
    freed under a paramone restriction
    οἰκογενής

3092 Φίλιππος
    GDI 1353
    Dodona

3093 [Φιλί]ππα
    AE 1913 p.155b,25
    Doliche?
    s.IIp.
    cf. IG IX.2.1268,25 and
    AE 1923 no.385, p.154

3094 Φιλί[ππα]
    AE 1916 no.289, p.84
    Oloosson
    med. s.IIp.

3095 Φίλιπ[πος]
    REG 12 no.3, p.170
    Suvodol
    237 or 236p.?
    cf. AnnPhilHist 6, p.344c
    and Athena 12 p.71, no.5

3096 Φίλιππος
    Hell. I p.74
    Suvodol

3097 Φίλιππος
    FD III 1,297
    Delphi
    init. s.Ia.
    ἐνδογενής

3098 Φίλιππος
    IG IX.2.15,3
    Hypata
    c.40p.

3099 Φίλιππος
    GDI 2100
    Delphi
    63/2-51/0a.
    οἰκογενής

3100 Φιλίππων
    AE 1930 p.176, no.1, l.23
    Larisa
    fin. s.Ia.

3101 [Φιλ]ίσκος
    IG XII.3.336,13
    Thera
    s.IIIa.

3102 Φιλίστα
    IG IX.2.1115,20
    Demetrias
    s.Ip.

3103 Φιλίστα
    IG IX.2.474,34
    Atrax
    med. s.Ia.

3104 Φιλίστα
    GDI 1349
    Dodona
    s.III/IIa.
    see REG 82, p.474, no.35

3105 Φιλίστα
    IG IX.2.568,26
    Larisa
    s.II/Ia.

3106 Φιλίστα
    IG IX.2.288,12
    Gomphi
    s.I/IIp.

3107 Φιλίστα(ς)
    IG IX.1².419,3
    Oeniadae
    s.IIIa.

3108 Φιλίστα(ς)
    IG IX.1².419,1
    Oeniadae
    s.IIIa.

3109 Φιλίστη
    IG II²1554, 32-35
    Athens
    c.330a.
    ταλασι, ἐμ Μελ οἴκοῦ

3110 Φιλιστίων
    IG IV 530
    Argive Heraeum
    s.III/IIa.?

3111 Φίλιστος
    IG IX.2.1119,4
    Demetrias
    s.IIp.

3112 Φίλιστος
GDI 2278
Delphi
153/2-144/3a.

3113 Φίλιστος
GDI 2201
Delphi
84/3-60/59a.

3114 Φιλιστώ
IG IV 530
Argive Heraeum
s.III/IIa.?

3115 Φιλλέας
IG IX.1².635b
Naupactus
137/6a.?
οἰκογενής

3116 Φίλλυς
IG IX.2.555,28
Larisa
s.Ia./p.

3117 Φιλλώ
IG IX.1².419,1
Oeniadae
s.IIIa.

3118 [Φι]λ[ό]δημο[s]
IG IX.2.568,18
Larisa
s.II/Ia.

3119 Φιλόθηρος
IG II²1576, 57-64
Athens
c.330a.
Φ. ἐμ ΙΙ[ειρα] οἰκῶν

3120 Φι[λό]κλεια
IG IX.2.415b,62
Pherae
fin. s.Ia.

3121 Φιλοκλῆς
GDI 1813
Delphi
165/4a. ?

3122 Φιλοκράτεια
GDI 1751
Delphi
168/7a.

3123 Φιλοκράτεια
GDI 2142
Delphi
142/1 or 141/0a.
τὸ γένος Σαρμάτη

3124 Φιλοκράτης
GDI 1901
Delphi
154/3a.
τὸ γένος 'Απειρώταν

3125 Φιλοκράτης
FD III 3,422
Delphi
med. s.Ia.

3126 Φιλοκράτης
IG II² 1576.57-64
Athens
fin. s.IVa.

3127 [Φι]λομπθής
IG XII.3.1302,40
Thera
s.IIa.

3128 Φιλονίκη
IG II²1559, 40-43
Athens
c.330a.
Φ. τ[αλασι ἐν] λευκο οἴκ

3129 Φιλόνικος
GDI 1816
Delphi
153/2-144/3a.
τὸ γένος Θραῖκα

3130 Φιλόνικος
IG IX.1².625b,17
Naupactus
c. 153/2a.
οἰκογενής

3131 Φιλοξένα
FD III 3,266
Delphi
init. s.Ia.

3132 Φιλοξένα
SEG 2 298
Delphi
s.Ia.

3133 Φιλόξενος
BCH 78 p.446, l.37
Scotussa
c.160/59a.
and see SEG 15 370

3134 Φιλόξενος
IG IX.1².638,12
Naupactus
c. 153/2a.
freed under a paramone
restriction
τὸ γένος 'Αμφίλοχον

3135 Φιλόξενος
   GDI 1784
   Delphi
   166/5a.
   freed under a paramone
   restriction

3136 [Φιλ]οπάτρα
   IG XII.3.336,16
   Thera
   s.IIIa.

3137 Φιλοποίμην
   IG IX.2.206,Ia,13
   Melitea
   med. s.Ia.

3138 Φιλουμένα
   GDI 2188
   Delphi
   40a. -18p.

3139 Φιλουμένα
   IG IX.2.109b,40
   Halos
   med. s.Ia.

3140 [Φιλου]μέν[η]?
   IG VII 3332
   Chaeronea
   s.IIa.

3141 Φιλουμένη
   IG IX.2.463,17
   Crannon
   med. s.Ia.

3142 Φιλουμένη
   IG IX.2.562,18
   Larisa
   s.I/IIp.

3143 Φιλουμένη
   IG IX.2.555,26
   Larisa
   s.Ia./p.

3144 [Φι]λουμένη
   Deltion 11 no.5 p.58
   Larisa

3145 [Φιλ]ουμένη
   IG IX.2.1290,2
   Pythium
   s.Ia./p.?
   freed under a paramone
   restriction

3146 [Φ]ι[λο]υμένη
   AE 1917 no.320, p.36
   Cyretiae
   s.Ip.

3147 Φιλουμένη
   IG II²1570, 73-75
   Athens
   c.330a.
   Φ. μελ[ιτόπωλις]

3148 Φιλουμέν[η]
   IG II²1566, 6-8
   Athens
   c.330a.

3149 [Φι]λό[φ]ρων
   IG IX.1.34
   Stiris
   s.IIa.

3150 Φιλτάτη
   FD III 3,300
   Delphi
   s.Ia./p.
   freed under a paramone
   restriction
   apolysis from paramone
   οἰκογενής

3151 Φίλω
   FD III 3,388
   Delphi
   fin. s.Ia.

3152 Φιλώ
   GDI 2254
   Delphi
   84/3-60/59a.

3153 Φιλώ
   GDI 2141
   Delphi
   143/2a.
   οἰκογενής

3154 Φιλώ
   FD III 3,54
   Delphi
   160/59a.?
   τεχνίτιδα αὐλήτριν

3155 Φιλώ
   GDI 1347
   Dodona
   c.230a.
   see SEG 16 385

3156 Φιλώ
   FD III 1,316
   Delphi
   freed under
   a paramone
   restriction

3157 Φίλων
   FD III 2,126
   Delphi
   124-116a.
   ἐνδογενής

3158 Φίλων
: FD III 6,51
Delphi
med. s.Ia.
freed under a paramone
restriction

3159 Φίλων
: GDI 1808
Delphi
169/8a.

3160 Φίλων
: IG IX.2.287,a7
Gomphi
s.Ia./p.

3161 Φίλων
: GDI 2150
Delphi
63/2-51/0a.
οἰκογενής

3162 Φίλων
: IG IX.2.109a,20
Halos
med. s.Ia.

3163 Φίλων
: FD III 3,388
Delphi
fin. s.Ia.

3164 Φίλων
: IG II²1557, 68-71
Athens
c.330a.
ταριχοπώ ἐν Κολλυ οἴκω

3165 Φίλων
: IG II²1556, 14-16
Athens
c.330a.
γραμματε ἐν Θορικῶ οἴκω

3166 Φίλων
: BCH 59 p.202 l.6
Daulis
init. s.IIa.
freed under a paramone
restriction

3167 Φίλων
: FD III 2,126
Delphi
fin. s.IIa.
ἐνδογενής

3168 Φιλωνίδας
: IG IV.528
Argos
s.IIIa.

3169 Φιλωνίδα[s]
: IG IX.1².674
Physcus
c.167a.

3170 Φιλωνίδας
: Deltion 2 p.261 line 7
Thespiae
s.IIa.
freed under a paramone
restriction

3171 Φιλωνίδης
: AE 1932 Chronika, p.24 l.15
Larisa
s.Ia./p.

3172 Φιλώτας
: IG IX.2.1303
Oloosson

3173 Φιλώτα[s]
: IG IX.2.287c,9
Gomphi
s.Ia./p.

3174 Φιλώτας
: GDI 2165
Delphi
142/1 or 141/0a.
τὸ γένος Μακεδόνα

3175 Φιλώτας
: FD III 3,389
Delphi
med. s.Ia.
οἰκογενής

3176 Φιλωτίς
: FD III 3,51 (GDI 1957)
Delphi
med. s.IIa.
ἐνδογενής

3177 [Φλ]αύια
: AE 1917 no.339, p.124
Cyretiae
19/18a.

3178 Φλεύχω
: JHS 1881 p.115
Dodona
but see GDI 1359

3179 Φο[ίβ]η
: AE 1924, no.408, p.176
Pythium
s.Ip.

3180 Φοῖβος
: IG IX.2.289b
Gomphi
med. s.IIp.

3181 Φορτουνᾶτος
    IG IX.2.548,9
    Larisa
    c.131/2p.

3182 Φρόνησις
    FD III 3,285
    Delphi
    fin. s.Ia.

3183 Φρόνησις
    FD III 3,335
    Delphi
    med. s.Ia.
    freed under a paramone
    restriction

3184 Φρόνιμος
    IG IX.2.563,5
    Larisa
    s.I/IIp.

3185 Φρυνέα
    IG IX.1².638,3
    Naupactus
    c. 137/6a
    freed under a paramone
    restriction
    τὸ γένος Σαρμάτισσαν

3186 Φρυνίων
    IG IX.1².639,9
    Naupactus
    c. med. s.IIa.
    οἰκογενής

3187 [Φυλ]άκιος
    IG IV.528
    Argos
    s.IIIa.

3188 Φύλαξ
    GDI 1975
    Delphi
    196/5a.
    freed under a paramone
    restriction

3189 Φύλλινα
    Deltion 11 p.62, no.6b
    Larisa

3190 Φυσίς
    GDI 1912
    Delphi
    154/3a.

3191 [Χαιρ]εφάνη
    IG II²1557, 89
    Athens
    c.330a.
    ἐν Ηε[ιρ οἰκ]

3192 Χαιρήμων
    GDI 2250
    Delphi
    142/1 or 141/0a.
    τὸ γένος Πάφιος

3193 [Χ]αρῖ
    IG IX.2.540,7
    Larisa
    med. s.Ia.

3194 Χαρίας
    GDI 1875
    Delphi
    164/3a.

3195 Χαρίας
    GDI 1823
    Delphi
    162/1a.?

3196 Χάρις
    IG IX.1².638,1
    Naupactus
    c.137/6a.
    οἰκογενής

3197 Χάρις
    IG IX.2.1115,22
    Demetrias
    s.Ip.

3198 Χάρι(ς)
    FD III 6,10
    Delphi
    med. s.Ia.
    οἰκογενής

3199 Χαρίτα
    GDI 1999
    Delphi
    192/1a.

3200 Χαρίτα
    IG IX.2.547,9
    Larisa
    c.131/2p.

3201 Χαριτώ
    IG XII.3.1302,37
    Thera
    s.IIa.

3202 Χαρμέϊς
    Annuario, 1944-5, no.179
    Calymna
    s.IIp.

3203 Χαρμοσύνη
    IG IX.2.550,18
    Larisa
    s.Ia./p.

3204 Χαρμώ
IG XII.3.1302,35
Thera
s.IIa.

3205 Χαρμωσύνη
IG IX.2.544,12
Larisa
41/2p.

3206 Χαρόξα
Ditt.-Purp. p.31, no.12
Olympia
s.Va.?

3207 Χίλων
Ditt.-Purp. p.31, no.12
Olympia
s.Va.?

3208 Χίων
ASAL, 60,II,no.10, p.81
Epidaurus
fin. s.IIIa.
cf. IG IV² 363

3209 Χλιδάνη
SEG 12 314      freed under
Beroea           a paramone
235a.            restriction

3210 Χλωρός
Hesperia 37 p.370 l.21
Athens
c.330a.
ἐμ Πειραεῖ οἰκ πορφυροβάφ

3211 Χο[ί]ρα
IG IV² 363
Epidaurus
s.IIIa.

3212 Χοιροθύων
IG V.2.429
Phigalea
s.Va.

3213 Χ[ρ]ήσιμος
Annuario, 1944-5, no.179
Calymna
s.IIp.

3214 Χρήσιμος
GDI 2183
Delphi
143/2a.
τὸ γένος Σύρος Βηρύτιον

3215 Χρήσιμος
IG II²1576, 21-24
Athens
c.330a.
Χ. ἐμ Μελίτει οἰκῶ

3216 Χρήσιμος
FD III 3,208
Delphi
163/2a.?
freed under a paramone
restriction
τὸ γένος Γαλάταν

3217 Χρῆστα
IG IX.2.415a,28
Pherae
med. s.Ia.

3218 Χρη[σ]τ[ᾶς]
AE 1910 no.8 p.363
Larisa
c. 131/2p.

3219 Χρυσᾶς
IG IX.2.13,25
Hypata
47/8p.

3220 Χρυσηίς
GDI 2153
Delphi
142/1 or 141/0a.
ἐνδογενῆς

3221 Χρυσίλ[λα]
IG IX.2.1344,8
Larisa
s.Ia./p.

3222 Χρυσίον
IG II² 1557.72-75
Athens
fin. s.IVa.
'Ἡρακλεῖ ἐν Ξυπ οἰκ

3223 [Χ]ρύσιππος
IG IV.528
Argos
s.IIIa.

3224 Χρύσιππος
IG IX.2.18
Hypata
med. s.IIp.

3225 Χρυσίς
IG II²1576, 32-35
Athens
c.330a.
Χ. ἐμ Μελίτει οἰκοῦσα
ταλασιουρ

3226 Χρυσίς
IG VII 3396
Chaeronea
s.IIa.

3227 Τιφύρα
    FD III 3,9
    Delphi
    157/6a.
    τὸ γένος ἐξ Αἰτωλίας

3228 Ὤκιμος
    IG II²1558, 58-62
    Athens
    c.330a.
    Ὤ. ταλα ἐν Ἥφαι [οἴ]κ

3229 Ὠραΐς
    FD III 3,306
    Delphi    freed under
    init. s.Ip.   a paramone
    οἰκογενής  restriction

3230 Ὠραΐς
    AE 1924 no.410 p.182
    Pythium
    s.IIIp.

3231 Ὠφελίμα
    GDI 1924    freed under
    Delphi    a paramone
    154/3a.    restriction

3232 Ὠφελίμα
    SEG 12 251 and 252
    Delphi
    s.Ia.
    freed under a paramone
    restriction
    apolysis from paramone

3233 Ὠφελίμα
    GDI 1924
    Delphi
    154/3a.

3234 Ὠφελίμα
    IG IX.2.110,7
    Halos
    s.I/IIp.

3235 Ὠφελίμα
    SEG 12 259
    Delphi
    s.Ip.

3236 Ὠφέλι[μ]ο[ς]
    AE 1916 no.284 p.79
    Oloosson
    fin. s.Ia.

3237 Ὠφελίων
    FD III 6,138
    Delphi
    med. s.Ip.

3238 Ὠφελίων
    IG II²1559, 32-35
    Athens
    c.330a.
    Ὤ ἐν Κολλυ οἴκῳ κλινοτ

3239 Ὠφελίων
    GDI 2338
    Delphi
    fin. s.Ia.
    see BCH 68-69, no.31, p.119

3240 [Ὠφ]ελίων
    FD III 3,279  freed under
    Delphi    a paramone
    med. s.Ia.  restriction

3241 [Ὠφελί?]ων
    SEG 12 246
    Delphi
    med. s.Ia.

3242 Ὠφελίων
    IG IX.1².638,13
    Naupactus
    c. med. s.IIa.
    τὸ γένος Τιβερηνόν

3243 Ὠφελίων
    IG IX.1².419,10
    Oeniadae
    s.IIIa.

3244 Ὠφελίων
    AE 1917 no.312 p.21
    Cyretiae
    s.Ia.

3245 Ὠφελίων
    IG IX.2.13,21
    Hypata
    47/8p.

3246 Ὠφελίων
    IG IV.529
    Argos
    s.IIIa.

3247 Ὠφελίων
    FD III 2,217
    Delphi
    138/7a.
    freed under a paramone
    restriction
    τὸ γένος Πισίδαν

3248 Ὠφελίων
    IG IX.2.561,8
    Larisa
    s.Ia.?

# INDICES

SLAVES IN ANCIENT GREECE 147

# INDEX OF TOWNS BY GEOGRAPHICAL AREA

ARCARNANIA, Oeniadae.

AEGEAN ISLANDS, Calymna, Delos, Mytilene, Thera.

AETOLIA, Arsinoe, Calydon, Near Thermus, Phystium, Potidania, Thermus.

ARCADIA, Mantinea, Orchomenos, Phigalea.

ARGOLIS, Argive Heraeum, Argos, Epidaurus.

ATTICA, Athens, Oropos (Amphiareion)

BOEOTIA, Chaeronea, Lebadea, Orchomenos, Thespiae, Thisbe.

DORIS, Cytinium.

ELIS, Olympia.

EPIRUS, Dodona, Phoenice.

LACONIA, Taenarum.

LOCRIS, Amphissa, Chalium, Milea, Naupactus, Phaestinus, Physcus, Tolophon.

MACEDONIA, Amphipolis, Beroea, Edessa, Kolobaisa, Leukopetra, Skydra, Suvodol, Thessalonika.

MESSENIA, Messene.

PHOCIS, Daulis, Delphi, Elatea, Hyampolis, Stiris, Tithora.

THESSALY, Aeginium, Angeae, Atrax, Azoros, Campus Dotius, Coronea, Crannon, Cyretiae, Demetrias, Doliche, Echinos, Gomphi, Gonnus, Halos, Hypata, Iolchos, Itonus, Lamia, Larisa, Magnesia, Melitaea, Metropolis, Oloosson, Pagasae, Perrhaebia, Phalanna, Pharsalus, Pherae, Pyrasos, Pyrgos, Pythium, Scotussa, Thaumakoi, Thebae Phthiotides, Thessaly, Town near Kophi, Tricca.

## INDEX BY TOWNS

**AEGINIUM**
584, 944, 1129, 1140, 2041, 2981.

**AMPHIPOLIS**
1617

**AMPHISSA**
930   939   2045   2051   2911

**ANGEAE**
| 365 | 1289 | 1337 | 1635 | 1691 |
| 1782 | 2556 | 2678 | | |

**ARGIVE HERAEUM**
| 163 | 178 | 223 | 340 | 413 |
| 612 | 639 | 794 | 812 | 891 |
| 975 | 982 | 1328 | 1439 | 1451 |
| 1494 | 1879 | 1931 | 1995 | 2101 |
| 2195 | 2351 | 2443 | 2494 | 2541 |
| 2639 | 2780 | 2811 | 2826 | 2997 |
| 3110 | 3114 | | | |

**ARGOS**
| 59 | 179 | 311 | 497 | 615 |
| 1897 | 1916 | 2312 | 2313 | 2593 |
| 2617 | 2624 | 2910 | 2985 | 3168 |
| 3187 | 3223 | 3246 | | |

**ARSINOE**
25   2966

## ATHENS

| | | | | |
|---|---|---|---|---|
| 4 | 33 | 34 | 69 | 99 |
| 244 | 289 | 297 | 300 | 320 |
| 322 | 328 | 330 | 357 | 378 |
| 388 | 404 | 405 | 426 | 500 |
| 533 | 565 | 573 | 630 | 644 |
| 645 | 646 | 655 | 656 | 657 |
| 658 | 744 | 772 | 810 | 864 |
| 868 | 919 | 922 | 924 | 961 |
| 971 | 984 | 996 | 1021 | 1027 |
| 1056 | 1058 | 1061 | 1082 | 1153 |
| 1160 | 1161 | 1188 | 1371 | 1376 |
| 1394 | 1398 | 1405 | 1412 | 1417 |
| 1418 | 1480 | 1511 | 1536 | 1547 |
| 1625 | 1630 | 1671 | 1674 | 1688 |
| 1699 | 1724 | 1743 | 1760 | 1768 |
| 1792 | 1808 | 1809 | 1810 | 1813 |
| 1814 | 1834 | 1844 | 1855 | 1861 |
| 1863 | 1864 | 1868 | 1869 | 1891 |
| 1905 | 1908 | 1915 | 1918 | 1927 |
| 1980 | 1986 | 2021 | 2027 | 2062 |
| 2065 | 2108 | 2113 | 2114 | 2160 |
| 2161 | 2183 | 2186 | 2187 | 2248 |
| 2286 | 2287 | 2302 | 2320 | 2325 |
| 2326 | 2345 | 2352 | 2366 | 2370 |
| 2399 | 2417 | 2462 | 2463 | 2465 |
| 2488 | 2489 | 2490 | 2502 | 2538 |
| 2564 | 2594 | 2619 | 2659 | 2660 |
| 2802 | 2803 | 2808 | 2878 | 2879 |
| 2880 | 2881 | 2882 | 2917 | 3005 |
| 3010 | 3031 | 3050 | 3053 | 3065 |
| 3109 | 3119 | 3126 | 3128 | 3147 |
| 3148 | 3164 | 3165 | 3191 | 3210 |
| 3215 | 3222 | 3225 | 3228 | 3238 |

## ATRAX

| | | | | |
|---|---|---|---|---|
| 61 | 82 | 201 | 232 | 259 |
| 420 | 527 | 589 | 592 | 692 |
| 727 | 748 | 846 | 902 | 954 |
| 955 | 988 | 1037 | 1170 | 1171 |
| 1173 | 1226 | 1354 | 1358 | 1399 |
| 1477 | 1503 | 1566 | 1676 | 1815 |
| 1826 | 1913 | 2007 | 2103 | 2167 |
| 2188 | 2191 | 2213 | 2436 | 2563 |
| 2567 | 2613 | 2672 | 2781 | 2820 |
| 2913 | 3070 | 3103 | | |

## AZOROS

| | | | | |
|---|---|---|---|---|
| 154 | 190 | 287 | 1346 | 1482 |

## BEROEA

| | | | | |
|---|---|---|---|---|
| 367 | 562 | 867 | 1679 | 1823 |
| 2006 | 2181 | 2194 | 2535 | 2871 |
| 3209 | | | | |

## CALYDON

| | | | | |
|---|---|---|---|---|
| 203 | 758 | 2744 | 2842 | 2862 |
| 3091 | | | | |

## CALYMNA

| | | | | |
|---|---|---|---|---|
| 11 | 37 | 38 | 39 | 40 |
| 41 | 42 | 43 | 51 | 122 |
| 130 | 176 | 216 | 252 | 376 |
| 406 | 438 | 451 | 556 | 570 |
| 580 | 602 | 673 | 829 | 873 |
| 874 | 875 | 894 | 898 | 899 |
| 900 | 977 | 1035 | 1079 | 1080 |
| 1083 | 1343 | 1348 | 1373 | 1455 |
| 1520 | 1537 | 1729 | 1747 | 1821 |
| 1899 | 1910 | 1938 | 1939 | 2010 |
| 2011 | 2020 | 2038 | 2184 | 2385 |
| 2547 | 2720 | 3033 | 3034 | 3035 |
| 3041 | 3081 | 3202 | 3213 | |

## CAMPUS DOTIUS

| | |
|---|---|
| 439 | 945 |

**CHAERONEA**

| | | | | |
|---|---|---|---|---|
| 9 | 70 | 90 | 116 | 172 |
| 272 | 386 | 401 | 414 | 498 |
| 608 | 623 | 631 | 721 | 722 |
| 963 | 965 | 966 | 967 | 970 |
| 985 | 1001 | 1057 | 1070 | 1124 |
| 1125 | 1126 | 1209 | 1232 | 1268 |
| 1270 | 1271 | 1272 | 1273 | 1274 |
| 1275 | 1280 | 1281 | 1300 | 1334 |
| 1365 | 1397 | 1406 | 1425 | 1569 |
| 1570 | 1585 | 1591 | 1616 | 1621 |
| 1845 | 1846 | 2056 | 2058 | 2063 |
| 2118 | 2206 | 2219 | 2225 | 2245 |
| 2354 | 2393 | 2501 | 2514 | 2521 |
| 2680 | 2683 | 2756 | 2757 | 2768 |
| 2861 | 2884 | 2931 | 2935 | 2954 |
| 3140 | 3226 | | | |

**CHALIUM**
663

**CORONEA**

| | | | | |
|---|---|---|---|---|
| 60 | 119 | 754 | 769 | 770 |
| 859 | 962 | 1008 | 2117 | 2125 |
| 2246 | 2376 | 2379 | 2518 | 2519 |
| 2868 | 2869 | | | |

**CRANNON**

| | | | | |
|---|---|---|---|---|
| 63 | 222 | 258 | 554 | 739 |
| 1233 | 1800 | 1831 | 1836 | 1857 |
| 2863 | 2948 | 3141 | | |

## CYRETIAE

| | | | | |
|---|---|---|---|---|
| 95 | 97 | 100 | 108 | 109 |
| 155 | 159 | 187 | 266 | 283 |
| 317 | 380 | 385 | 407 | 416 |
| 417 | 421 | 499 | 517 | 534 |
| 555 | 559 | 563 | 625 | 634 |
| 694 | 706 | 745 | 773 | 817 |
| 836 | 840 | 849 | 854 | 877 |
| 880 | 885 | 890 | 896 | 918 |
| 921 | 941 | 991 | 992 | 1106 |
| 1115 | 1121 | 1145 | 1146 | 1187 |
| 1192 | 1193 | 1194 | 1197 | 1202 |
| 1203 | 1228 | 1229 | 1230 | 1243 |
| 1290 | 1349 | 1350 | 1374 | 1381 |
| 1422 | 1496 | 1497 | 1498 | 1512 |
| 1517 | 1525 | 1573 | 1600 | 1601 |
| 1608 | 1618 | 1653 | 1687 | 1723 |
| 1735 | 1750 | 1752 | 1763 | 1824 |
| 1871 | 1928 | 1937 | 1943 | 1949 |
| 1985 | 2012 | 2017 | 2076 | 2163 |
| 2177 | 2179 | 2224 | 2237 | 2259 |
| 2288 | 2294 | 2318 | 2333 | 2369 |
| 2433 | 2441 | 2444 | 2475 | 2481 |
| 2484 | 2561 | 2597 | 2603 | 2606 |
| 2607 | 2609 | 2635 | 2640 | 2643 |
| 2739 | 2740 | 2817 | 2853 | 2897 |
| 3036 | 3043 | 3060 | 3066 | 3146 |
| 3177 | 3244 | | | |

## CYTINIUM
2314

## DAULIS

| | | | | |
|---|---|---|---|---|
| 293 | 698 | 928 | 929 | 942 |
| 1336 | 1903 | 2710 | 2711 | 2912 |
| 2980 | 3166 | | | |

## DELOS
377

**DELPHI**

| | | | | |
|---|---|---|---|---|
| 3 | 7 | 8 | 13 | 17 |
| 19 | 22 | 23 | 24 | 27 |
| 28 | 29 | 30 | 31 | 32 |
| 35 | 48 | 49 | 50 | 65 |
| 66 | 67 | 68 | 72 | 74 |
| 75 | 87 | 88 | 89 | 91 |
| 94 | 98 | 102 | 104 | 105 |
| 111 | 114 | 117 | 124 | 125 |
| 129 | 132 | 133 | 134 | 135 |
| 139 | 140 | 141 | 148 | 149 |
| 151 | 153 | 156 | 162 | 170 |
| 174 | 180 | 181 | 182 | 183 |
| 184 | 186 | 191 | 192 | 193 |
| 194 | 195 | 196 | 197 | 198 |
| 199 | 200 | 208 | 213 | 215 |
| 217 | 221 | 230 | 234 | 237 |
| 242 | 243 | 245 | 248 | 249 |
| 254 | 255 | 256 | 257 | 263 |
| 264 | 265 | 273 | 274 | 276 |
| 277 | 291 | 292 | 295 | 298 |
| 299 | 301 | 302 | 303 | 304 |
| 305 | 308 | 312 | 313 | 314 |
| 315 | 318 | 324 | 325 | 326 |
| 327 | 329 | 331 | 332 | 333 |
| 334 | 335 | 336 | 339 | 341 |
| 342 | 343 | 344 | 345 | 346 |
| 350 | 351 | 352 | 353 | 354 |
| 356 | 359 | 360 | 363 | 366 |
| 368 | 369 | 370 | 371 | 373 |
| 374 | 375 | 381 | 387 | 389 |
| 391 | 395 | 396 | 398 | 399 |
| 400 | 402 | 408 | 412 | 419 |
| 429 | 430 | 434 | 435 | 445 |
| 447 | 448 | 449 | 453 | 454 |
| 455 | 460 | 463 | 464 | 465 |
| 466 | 467 | 468 | 469 | 470 |
| 471 | 472 | 473 | 474 | 475 |
| 476 | 477 | 478 | 479 | 480 |
| 481 | 487 | 489 | 490 | 493 |

## Delphi

| | | | | |
|---|---|---|---|---|
| 494 | 495 | 507 | 508 | 509 |
| 511 | 512 | 513 | 514 | 515 |
| 518 | 519 | 520 | 522 | 523 |
| 529 | 530 | 531 | 535 | 536 |
| 537 | 538 | 539 | 540 | 546 |
| 548 | 549 | 550 | 551 | 552 |
| 553 | 566 | 567 | 568 | 569 |
| 571 | 572 | 576 | 579 | 581 |
| 586 | 587 | 588 | 594 | 597 |
| 598 | 599 | 600 | 606 | 607 |
| 610 | 611 | 613 | 616 | 617 |
| 618 | 619 | 620 | 621 | 622 |
| 626 | 627 | 628 | 629 | 632 |
| 633 | 637 | 640 | 649 | 650 |
| 652 | 653 | 654 | 659 | 660 |
| 661 | 662 | 674 | 675 | 678 |
| 679 | 681 | 688 | 689 | 693 |
| 696 | 699 | 700 | 702 | 704 |
| 708 | 709 | 714 | 715 | 716 |
| 717 | 718 | 719 | 720 | 723 |
| 724 | 729 | 730 | 731 | 732 |
| 733 | 734 | 735 | 736 | 741 |
| 743 | 747 | 750 | 755 | 756 |
| 757 | 759 | 766 | 776 | 778 |
| 779 | 780 | 781 | 782 | 783 |
| 784 | 786 | 795 | 796 | 798 |
| 799 | 800 | 802 | 804 | 809 |
| 811 | 814 | 819 | 822 | 823 |
| 824 | 828 | 830 | 831 | 832 |
| 834 | 835 | 838 | 839 | 843 |
| 844 | 850 | 852 | 858 | 861 |
| 862 | 863 | 884 | 888 | 889 |
| 904 | 908 | 925 | 931 | 932 |
| 934 | 935 | 936 | 937 | 938 |
| 947 | 948 | 950 | 951 | 952 |
| 956 | 958 | 960 | 968 | 969 |
| 972 | 983 | 993 | 994 | 995 |
| 997 | 1002 | 1003 | 1004 | 1005 |
| 1006 | 1007 | 1009 | 1010 | 1011 |

**Delphi**

| | | | | |
|---|---|---|---|---|
| 1012 | 1013 | 1014 | 1015 | 1016 |
| 1017 | 1026 | 1030 | 1034 | 1038 |
| 1044 | 1048 | 1049 | 1050 | 1051 |
| 1052 | 1053 | 1060 | 1065 | 1066 |
| 1071 | 1072 | 1076 | 1077 | 1078 |
| 1086 | 1087 | 1091 | 1092 | 1093 |
| 1094 | 1095 | 1096 | 1105 | 1113 |
| 1120 | 1127 | 1128 | 1132 | 1133 |
| 1151 | 1152 | 1167 | 1168 | 1169 |
| 1179 | 1180 | 1189 | 1190 | 1191 |
| 1211 | 1216 | 1217 | 1218 | 1219 |
| 1220 | 1221 | 1222 | 1223 | 1224 |
| 1225 | 1240 | 1241 | 1242 | 1244 |
| 1245 | 1247 | 1258 | 1263 | 1265 |
| 1266 | 1269 | 1276 | 1277 | 1278 |
| 1279 | 1282 | 1283 | 1284 | 1285 |
| 1286 | 1291 | 1294 | 1295 | 1303 |
| 1304 | 1305 | 1306 | 1307 | 1308 |
| 1313 | 1314 | 1315 | 1316 | 1317 |
| 1318 | 1319 | 1320 | 1321 | 1322 |
| 1323 | 1324 | 1325 | 1326 | 1329 |
| 1330 | 1331 | 1332 | 1335 | 1338 |
| 1339 | 1344 | 1345 | 1347 | 1366 |
| 1369 | 1370 | 1375 | 1377 | 1378 |
| 1380 | 1382 | 1383 | 1384 | 1385 |
| 1386 | 1387 | 1390 | 1391 | 1392 |
| 1393 | 1403 | 1404 | 1408 | 1409 |
| 1410 | 1415 | 1416 | 1430 | 1431 |
| 1432 | 1435 | 1437 | 1440 | 1441 |
| 1442 | 1443 | 1445 | 1446 | 1447 |
| 1448 | 1450 | 1456 | 1457 | 1458 |
| 1461 | 1462 | 1463 | 1464 | 1465 |
| 1466 | 1467 | 1468 | 1469 | 1471 |
| 1474 | 1476 | 1478 | 1486 | 1487 |
| 1488 | 1490 | 1499 | 1500 | 1501 |
| 1506 | 1507 | 1515 | 1522 | 1523 |
| 1530 | 1531 | 1532 | 1535 | 1541 |
| 1542 | 1543 | 1544 | 1548 | 1549 |
| 1550 | 1551 | 1554 | 1555 | 1556 |

## Delphi

| | | | | |
|---|---|---|---|---|
| 1557 | 1558 | 1559 | 1560 | 1561 |
| 1562 | 1564 | 1571 | 1574 | 1582 |
| 1583 | 1584 | 1587 | 1588 | 1594 |
| 1595 | 1596 | 1597 | 1598 | 1599 |
| 1605 | 1609 | 1610 | 1611 | 1612 |
| 1613 | 1624 | 1627 | 1631 | 1632 |
| 1642 | 1643 | 1644 | 1645 | 1646 |
| 1647 | 1648 | 1649 | 1655 | 1656 |
| 1657 | 1658 | 1659 | 1660 | 1661 |
| 1662 | 1663 | 1664 | 1665 | 1668 |
| 1669 | 1682 | 1683 | 1685 | 1689 |
| 1690 | 1692 | 1694 | 1695 | 1696 |
| 1701 | 1702 | 1703 | 1704 | 1706 |
| 1708 | 1709 | 1710 | 1712 | 1713 |
| 1715 | 1716 | 1718 | 1719 | 1726 |
| 1727 | 1728 | 1730 | 1732 | 1733 |
| 1734 | 1736 | 1738 | 1741 | 1754 |
| 1755 | 1757 | 1758 | 1761 | 1764 |
| 1765 | 1766 | 1769 | 1771 | 1773 |
| 1777 | 1784 | 1785 | 1787 | 1788 |
| 1789 | 1790 | 1791 | 1794 | 1795 |
| 1796 | 1797 | 1801 | 1802 | 1811 |
| 1812 | 1822 | 1838 | 1839 | 1840 |
| 1841 | 1847 | 1848 | 1852 | 1858 |
| 1860 | 1862 | 1870 | 1872 | 1873 |
| 1874 | 1876 | 1878 | 1880 | 1883 |
| 1886 | 1887 | 1889 | 1892 | 1895 |
| 1896 | 1898 | 1901 | 1902 | 1904 |
| 1906 | 1912 | 1922 | 1923 | 1924 |
| 1935 | 1947 | 1950 | 1951 | 1953 |
| 1954 | 1957 | 1958 | 1959 | 1961 |
| 1962 | 1963 | 1964 | 1965 | 1966 |
| 1967 | 1968 | 1969 | 1970 | 1971 |
| 1972 | 1977 | 1978 | 1982 | 1987 |
| 1989 | 1990 | 1991 | 1992 | 1994 |
| 1997 | 1999 | 2000 | 2001 | 2002 |
| 2004 | 2018 | 2022 | 2024 | 2025 |
| 2026 | 2028 | 2029 | 2030 | 2031 |
| 2032 | 2035 | 2037 | 2039 | 2043 |

**Delphi**

| | | | | |
|---|---|---|---|---|
| 2044 | 2047 | 2048 | 2049 | 2050 |
| 2052 | 2053 | 2055 | 2057 | 2059 |
| 2060 | 2061 | 2064 | 2071 | 2074 |
| 2075 | 2077 | 2078 | 2081 | 2082 |
| 2083 | 2086 | 2087 | 2088 | 2089 |
| 2092 | 2093 | 2094 | 2096 | 2097 |
| 2098 | 2106 | 2110 | 2120 | 2123 |
| 2126 | 2127 | 2130 | 2131 | 2132 |
| 2133 | 2134 | 2135 | 2136 | 2137 |
| 2138 | 2139 | 2140 | 2141 | 2142 |
| 2143 | 2144 | 2145 | 2146 | 2147 |
| 2148 | 2149 | 2150 | 2152 | 2153 |
| 2154 | 2155 | 2156 | 2172 | 2173 |
| 2198 | 2199 | 2200 | 2201 | 2202 |
| 2203 | 2204 | 2205 | 2208 | 2209 |
| 2210 | 2211 | 2214 | 2216 | 2217 |
| 2218 | 2226 | 2227 | 2228 | 2241 |
| 2242 | 2244 | 2247 | 2249 | 2250 |
| 2251 | 2268 | 2271 | 2273 | 2274 |
| 2275 | 2276 | 2277 | 2278 | 2280 |
| 2281 | 2293 | 2295 | 2298 | 2299 |
| 2301 | 2307 | 2310 | 2311 | 2315 |
| 2317 | 2319 | 2327 | 2328 | 2329 |
| 2331 | 2335 | 2336 | 2341 | 2342 |
| 2343 | 2355 | 2360 | 2361 | 2364 |
| 2365 | 2372 | 2373 | 2374 | 2375 |
| 2380 | 2383 | 2384 | 2386 | 2387 |
| 2388 | 2396 | 2397 | 2398 | 2400 |
| 2401 | 2402 | 2403 | 2404 | 2405 |
| 2406 | 2407 | 2408 | 2409 | 2413 |
| 2414 | 2415 | 2416 | 2419 | 2420 |
| 2422 | 2423 | 2424 | 2425 | 2426 |
| 2427 | 2428 | 2442 | 2453 | 2455 |
| 2456 | 2457 | 2458 | 2461 | 2464 |
| 2466 | 2467 | 2468 | 2469 | 2480 |
| 2485 | 2491 | 2492 | 2493 | 2496 |
| 2497 | 2498 | 2506 | 2507 | 2509 |
| 2511 | 2512 | 2513 | 2530 | 2531 |
| 2532 | 2537 | 2544 | 2545 | 2546 |
| 2548 | 2549 | 2553 | 2554 | 2555 |

**Delphi**

| | | | | |
|---|---|---|---|---|
| 2557 | 2570 | 2571 | 2572 | 2573 |
| 2574 | 2576 | 2579 | 2583 | 2585 |
| 2586 | 2587 | 2588 | 2591 | 2592 |
| 2595 | 2596 | 2598 | 2599 | 2601 |
| 2605 | 2614 | 2616 | 2621 | 2622 |
| 2623 | 2625 | 2628 | 2629 | 2630 |
| 2631 | 2632 | 2633 | 2634 | 2644 |
| 2647 | 2648 | 2649 | 2650 | 2651 |
| 2652 | 2653 | 2655 | 2656 | 2657 |
| 2658 | 2661 | 2662 | 2663 | 2664 |
| 2665 | 2666 | 2667 | 2668 | 2669 |
| 2670 | 2675 | 2677 | 2679 | 2681 |
| 2682 | 2684 | 2687 | 2689 | 2690 |
| 2691 | 2692 | 2693 | 2694 | 2696 |
| 2697 | 2698 | 2699 | 2700 | 2701 |
| 2702 | 2703 | 2704 | 2705 | 2707 |
| 2708 | 2709 | 2712 | 2713 | 2714 |
| 2716 | 2717 | 2719 | 2722 | 2723 |
| 2726 | 2727 | 2728 | 2729 | 2730 |
| 2731 | 2732 | 2734 | 2736 | 2737 |
| 2738 | 2742 | 2743 | 2748 | 2749 |
| 2750 | 2753 | 2754 | 2755 | 2758 |
| 2759 | 2760 | 2761 | 2762 | 2763 |
| 2765 | 2766 | 2767 | 2769 | 2770 |
| 2771 | 2772 | 2773 | 2774 | 2775 |
| 2776 | 2783 | 2784 | 2786 | 2787 |
| 2788 | 2791 | 2792 | 2793 | 2794 |
| 2796 | 2797 | 2798 | 2799 | 2800 |
| 2809 | 2810 | 2812 | 2813 | 2814 |
| 2816 | 2818 | 2822 | 2834 | 2839 |
| 2843 | 2844 | 2845 | 2846 | 2847 |
| 2848 | 2849 | 2850 | 2851 | 2852 |
| 2856 | 2857 | 2858 | 2859 | 2860 |
| 2866 | 2870 | 2872 | 2873 | 2874 |
| 2875 | 2877 | 2883 | 2885 | 2886 |
| 2887 | 2888 | 2889 | 2890 | 2893 |
| 2896 | 2900 | 2901 | 2902 | 2903 |
| 2904 | 2905 | 2906 | 2907 | 2908 |
| 2909 | 2918 | 2920 | 2921 | 2927 |
| 2928 | 2929 | 2930 | 2932 | 2933 |

**Delphi**

| | | | | |
|---|---|---|---|---|
| 2934 | 2936 | 2937 | 2938 | 2939 |
| 2940 | 2942 | 2944 | 2945 | 2946 |
| 2947 | 2949 | 2950 | 2951 | 2953 |
| 2956 | 2959 | 2960 | 2961 | 2962 |
| 2963 | 2964 | 2965 | 2967 | 2968 |
| 2969 | 2970 | 2971 | 2972 | 2973 |
| 2974 | 2977 | 2979 | 2982 | 2987 |
| 2988 | 2990 | 2991 | 2992 | 2993 |
| 2995 | 2998 | 3003 | 3004 | 3007 |
| 3008 | 3014 | 3016 | 3017 | 3020 |
| 3021 | 3022 | 3023 | 3024 | 3025 |
| 3030 | 3040 | 3042 | 3045 | 3046 |
| 3047 | 3048 | 3051 | 3054 | 3055 |
| 3057 | 3058 | 3059 | 3062 | 3063 |
| 3067 | 3068 | 3072 | 3073 | 3079 |
| 3088 | 3097 | 3099 | 3112 | 3113 |
| 3121 | 3122 | 3123 | 3124 | 3125 |
| 3129 | 3131 | 3132 | 3135 | 3138 |
| 3150 | 3151 | 3152 | 3153 | 3154 |
| 3156 | 3157 | 3158 | 3159 | 3161 |
| 3163 | 3167 | 3174 | 3175 | 3176 |
| 3182 | 3183 | 3188 | 3190 | 3192 |
| 3194 | 3195 | 3198 | 3199 | 3214 |
| 3216 | 3220 | 3227 | 3229 | 3231 |
| 3232 | 3233 | 3235 | 3237 | 3239 |
| 3240 | 3241 | 3247 | | |

**DEMETRIAS**

| | | | | |
|---|---|---|---|---|
| 118 | 173 | 206 | 575 | 803 |
| 910 | 989 | 1227 | 1341 | 1420 |
| 1428 | 1510 | 1776 | 1888 | 2176 |
| 2229 | 2473 | 3012 | 3015 | 3032 |
| 3102 | 3111 | 3197 | | |

**DODONA**

| | | | | |
|---|---|---|---|---|
| 20 | 169 | 582 | 998 | 1248 |
| 1589 | 1745 | 2344 | 2390 | 2646 |
| 2958 | 3009 | 3013 | 3092 | 3104 |
| 3155 | 3178 | | | |

## SLAVES IN ANCIENT GREECE

**DOLICHE**

| | | | | |
|---|---|---|---|---|
| 450 | 557 | 986 | 1141 | 1142 |
| 1154 | 1155 | 1156 | 1360 | 1361 |
| 1368 | 1395 | 1400 | 1526 | 1620 |
| 1629 | 1740 | 1807 | 1946 | 2084 |
| 2230 | 2231 | 2240 | 2256 | 2263 |
| 2266 | 2284 | 2337 | 2449 | 2451 |
| 2827 | 2830 | 3087 | 3093 | |

**ECHINOS**
158

**EDESSA**

| | | | |
|---|---|---|---|
| 228 | 1433 | 1941 | 2258 |

**ELATEA**

| | | | | |
|---|---|---|---|---|
| 701 | 1568 | 2182 | 2542 | 2724 |
| 2916 | | | | |

**EPIDAURUS**

| | | | | |
|---|---|---|---|---|
| 219 | 233 | 269 | 275 | 425 |
| 427 | 561 | 595 | 605 | 710 |
| 711 | 712 | 713 | 856 | 920 |
| 973 | 1075 | 1460 | 1485 | 1489 |
| 1539 | 1626 | 1628 | 1759 | 1851 |
| 1865 | 2157 | 2252 | 2254 | 2499 |
| 2508 | 2517 | 2529 | 2899 | 2994 |
| 3208 | 3211 | | | |

**GOMPHI**

| | | | | |
|---|---|---|---|---|
| 92 | 152 | 207 | 214 | 236 |
| 361 | 364 | 483 | 484 | 686 |
| 768 | 897 | 1396 | 1436 | 1770 |
| 1842 | 1936 | 2279 | 2316 | 2602 |
| 2671 | 2915 | 3106 | 3160 | 3173 |
| 3180 | | | | |

**GONNUS**

| 53 | 145 | 168 | 279 | 564 |
|---|---|---|---|---|
| 585 | 691 | 845 | 976 | 1131 |
| 1158 | 1198 | 1199 | 1292 | 1459 |
| 1502 | 1586 | 1619 | 1637 | 1737 |
| 1849 | 2042 | 2197 | 2267 | 2418 |
| 2430 | 2440 | 2448 | 2450 | 2525 |
| 2566 | 2612 | 2919 | 3029 | 3084 |

**HALOS**

| 229 | 337 | 422 | 506 | 543 |
|---|---|---|---|---|
| 544 | 669 | 683 | 740 | 775 |
| 820 | 826 | 860 | 912 | 1018 |
| 1098 | 1148 | 1196 | 1210 | 1215 |
| 1250 | 1254 | 1516 | 1651 | 1772 |
| 1793 | 1798 | 1829 | 1830 | 1835 |
| 1882 | 1921 | 2023 | 2262 | 2304 |
| 2394 | 2429 | 2569 | 2645 | 2673 |
| 2819 | 2833 | 2892 | 3027 | 3139 |
| 3162 | 3234 | | | |

**HYAMPOLIS**

| 1062 | 1527 |
|---|---|

**HYPATA**

| 1 | 10 | 54 | 55 | 123 |
|---|---|---|---|---|
| 165 | 175 | 189 | 205 | 210 |
| 227 | 284 | 285 | 306 | 338 |
| 390 | 392 | 428 | 431 | 432 |
| 437 | 560 | 624 | 635 | 751 |
| 752 | 787 | 790 | 791 | 801 |
| 808 | 895 | 905 | 906 | 909 |
| 911 | 915 | 916 | 917 | 940 |
| 946 | 953 | 974 | 978 | 981 |
| 1032 | 1039 | 1040 | 1046 | 1055 |
| 1068 | 1110 | 1111 | 1119 | 1144 |
| 1162 | 1182 | 1183 | 1184 | 1195 |
| 1207 | 1234 | 1237 | 1238 | 1239 |
| 1267 | 1312 | 1340 | 1362 | 1363 |
| 1364 | 1379 | 1427 | 1505 | 1524 |

## SLAVES IN ANCIENT GREECE

**Hypata**

| | | | | |
|---|---|---|---|---|
| 1545 | 1553 | 1576 | 1580 | 1581 |
| 1622 | 1650 | 1707 | 1711 | 1731 |
| 1748 | 1749 | 1778 | 1779 | 1780 |
| 1816 | 1817 | 1818 | 1843 | 1859 |
| 1909 | 1948 | 2014 | 2090 | 2095 |
| 2102 | 2164 | 2165 | 2171 | 2175 |
| 2220 | 2221 | 2222 | 2238 | 2239 |
| 2332 | 2363 | 2474 | 2505 | 2536 |
| 2582 | 2584 | 2627 | 2674 | 2676 |
| 2685 | 2715 | 2725 | 2785 | 2835 |
| 2836 | 2867 | 2876 | 2891 | 2943 |
| 2983 | 2986 | 3037 | 3069 | 3076 |
| 3082 | 3089 | 3098 | 3219 | 3224 |
| 3245 | | | | |

**IOLCHOS**

2636

**ITONUS**

| | |
|---|---|
| 684 | 2257 |

**KOLOBAISA**

| | |
|---|---|
| 855 | 2300 |

**LAMIA**

| | | | | |
|---|---|---|---|---|
| 56 | 271 | 309 | 436 | 505 |
| 668 | 682 | 703 | 785 | 821 |
| 1000 | 1059 | 1150 | 1333 | 1453 |
| 1513 | 1514 | 1850 | 1894 | 1911 |
| 1955 | 1976 | 1981 | 1993 | 2013 |
| 2015 | 2109 | 2338 | 2431 | 2460 |
| 2558 | 2559 | 2741 | 2764 | 2815 |
| 2831 | 2832 | 3083 | | |

**LARISA**

| | | | | |
|---|---|---|---|---|
| 2 | 12 | 14 | 18 | 36 |
| 45 | 46 | 57 | 73 | 84 |
| 93 | 126 | 131 | 142 | 143 |
| 146 | 150 | 160 | 161 | 167 |
| 209 | 220 | 226 | 239 | 247 |

**Larisa**

| | | | | | |
|---|---|---|---|---|---|
| 260 | 261 | 262 | 278 | | 280 |
| 286 | 372 | 383 | 384 | 403 | 442 |
| 461 | 482 | 492 | 496 | | 501 |
| 502 | 525 | 526 | 528 | | 590 |
| 591 | 601 | 614 | 647 | | 648 |
| 705 | 725 | 742 | 746 | | 760 |
| 763 | 774 | 788 | 813 | | 815 |
| 827 | 833 | 841 | 851 | | 853 |
| 865 | 869 | 870 | 871 | | 872 |
| 882 | 887 | 903 | 914 | | 926 |
| 927 | 943 | 957 | 979 | | 980 |
| 987 | 990 | 999 | 1019 | | 1024 |
| 1025 | 1036 | 1064 | 1069 | | 1088 |
| 1089 | 1099 | 1103 | 1104 | | 1108 |
| 1117 | 1139 | 1143 | 1147 | | 1159 |
| 1172 | 1178 | 1186 | 1208 | | 1212 |
| 1252 | 1256 | 1257 | 1259 | | 1260 |
| 1310 | 1353 | 1355 | 1356 | | 1357 |
| 1389 | 1401 | 1407 | 1413 | | 1419 |
| 1424 | 1426 | 1429 | 1434 | | 1449 |
| 1452 | 1454 | 1483 | 1492 | | 1495 |
| 1508 | 1509 | 1519 | 1538 | | 1565 |
| 1578 | 1579 | 1602 | 1606 | | 1633 |
| 1666 | 1677 | 1686 | 1721 | | 1742 |
| 1756 | 1775 | 1781 | 1786 | | 1804 |
| 1805 | 1819 | 1825 | 1854 | | 1856 |
| 1877 | 1885 | 1920 | 1929 | | 1930 |
| 1942 | 1952 | 1960 | 1973 | | 1979 |
| 2003 | 2005 | 2033 | 2034 | | 2105 |
| 2168 | 2169 | 2170 | 2189 | | 2190 |
| 2196 | 2235 | 2236 | 2253 | | 2260 |
| 2265 | 2282 | 2305 | 2308 | | 2309 |
| 2349 | 2367 | 2382 | 2432 | | 2435 |
| 2437 | 2447 | 2454 | 2478 | | 2495 |
| 2500 | 2504 | 2510 | 2527 | | 2540 |
| 2578 | 2581 | 2604 | 2638 | | 2782 |
| 2789 | 2805 | 2806 | 2807 | | 2828 |
| 2829 | 2864 | 2975 | 2976 | | 2978 |
| 2984 | 2989 | 3018 | 3028 | | 3064 |

## SLAVES IN ANCIENT GREECE

**Larisa**

| 3071 | 3077 | 3078 | 3086 | 3100 |
|------|------|------|------|------|
| 3105 | 3116 | 3118 | 3142 | 3143 |
| 3144 | 3171 | 3181 | 3184 | 3189 |
| 3193 | 3200 | 3203 | 3205 | 3218 |
| 3221 | 3248 |      |      |      |

**LEBADEA**

| 85 | 164 | 307 | 964 | 2626 |

**LEUKOPETRA**

| 120 | 842 | 2452 | 3038 |

**MAGNESIA**
2166

**MANTINEA**

| 231  | 677  | 876  | 893  | 1774 |
|------|------|------|------|------|
| 2036 | 2040 | 2174 | 2470 |      |

**MELITEA**

| 440  | 532  | 545  | 574  | 643  |
|------|------|------|------|------|
| 680  | 764  | 847  | 1033 | 1246 |
| 1518 | 1540 | 1607 | 1654 | 1975 |
| 2016 | 2070 | 2091 | 2111 | 2128 |
| 2575 | 2590 | 2706 | 2745 | 2801 |
| 3137 |      |      |      |      |

**METROPOLIS**

| 86   | 185  | 202  | 310  | 695  |
|------|------|------|------|------|
| 737  | 738  | 767  | 789  | 816  |
| 913  | 1074 | 1175 | 1176 | 1177 |
| 1185 | 1255 | 1567 | 2261 | 2270 |
| 2348 | 2381 | 2439 | 2471 | 2577 |
| 2865 | 2925 | 2996 | 2999 | 3090 |

**MESSENE**

| 2303 | 2445 | 3011 |

**MILEA**

| 837 | 3002 |

**MYTILENE**
2296

**NAUPACTUS**

| 0000 | 44   | 47   | 121  | 294  |
|------|------|------|------|------|
| 316  | 347  | 410  | 411  | 462  |
| 524  | 547  | 636  | 641  | 687  |
| 1022 | 1023 | 1149 | 1302 | 1342 |
| 1402 | 1444 | 1481 | 1528 | 1533 |
| 1680 | 1746 | 1753 | 1767 | 1806 |
| 1875 | 1956 | 1998 | 2067 | 2069 |
| 2072 | 2073 | 2122 | 2180 | 2330 |
| 2339 | 2357 | 2358 | 2487 | 2654 |
| 2751 | 2790 | 2854 | 2855 | 2922 |
| 3115 | 3130 | 3134 | 3185 | 3186 |
| 3196 |      |      |      |      |

**NEAR THERMUS**
2926

**OENIADAE**

| 923  | 1043 | 1122 | 1293 | 2119 |
|------|------|------|------|------|
| 2121 | 2353 | 2359 | 2421 | 2479 |
| 2695 | 3107 | 3108 | 3117 | 3243 |

**OLOOSSON**

| 16   | 83   | 115  |      | 127  | 138 | 188  |
|------|------|------|------|------|-----|------|
| 235  | 250  | 251  |      | 348  |     | 415  |
| 558  | 604  | 749  |      | 777  |     | 1090 |
| 1112 | 1135 | 1136 |      | 1137 |     | 1138 |
| 1200 | 1231 | 1261 | 1351 | 1372 |     | 1423 |
| 1438 | 1652 | 1678 |      | 1717 |     | 1751 |
| 1783 | 1932 | 1934 |      | 1944 |     | 1945 |
| 2255 | 2290 | 2297 |      | 2306 |     | 2321 |
| 2347 | 2350 | 2356 |      | 2371 |     | 2378 |
| 2391 | 2395 | 2438 |      | 2533 |     | 2615 |
| 2618 | 2620 | 2823 |      | 3026 |     | 3044 |
| 3056 | 3074 | 3094 |      | 3172 |     | 3236 |

## OLYMPIA
| | | | | |
|---|---|---|---|---|
| 144 | 290 | 503 | 596 | 883 |
| 892 | 1614 | 1615 | 1890 | 2080 |
| 3206 | 3207 | | | |

## ORCHOMENOS-ARCADIA
204   2688

## ORCHOMENOS - BOEOTIA
| | | | |
|---|---|---|---|
| 112 | 270 | 771 | 1134 |
| 1299 | 1301 | 1592 | 2068 |
| 2207 | 2520 | 2522 | 2523 |
| 2837 | | | |

## OROPOS (AMPHIAREON)
1919

## PAGASAE
| | | | | |
|---|---|---|---|---|
| 848 | 866 | 1546 | 1828 | 2600 |

## PERRHAEBIA
441   1853   2324

## PHAESTINUS
319   1166   1311

## PHALANNA
| | | | | |
|---|---|---|---|---|
| 5 | 6 | 81 | 113 | 281 |
| 933 | 1114 | 1352 | 1414 | 1493 |
| 1504 | 1636 | 1638 | 1827 | 1926 |
| 2107 | 2232 | 2283 | 2565 | 2611 |
| 2804 | 2923 | | | |

## PHARSALUS
| | | | | |
|---|---|---|---|---|
| 177 | 349 | 1206 | 1367 | 1925 |
| 2362 | | | | |

**PHERAE**

| 15 | 64 | 147 | 240 | 246 |
|---|---|---|---|---|
| 409 | 485 | 486 | 488 | 603 |
| 609 | 638 | 762 | 886 | 949 |
| 1063 | 1097 | 1101 | 1102 | 1214 |
| 1572 | 1575 | 1667 | 1693 | 1832 |
| 1867 | 2008 | 2079 | 2104 | 2185 |
| 2233 | 2269 | 2289 | 2410 | 2524 |
| 2526 | 2528 | 2721 | 3019 | 3120 |
| 3217 | | | | |

**PHIGALEA**

| 881 | 1670 | 2115 | 3212 |
|---|---|---|---|

**PHISTYUM**

| 26 | 504 | 516 | 541 | 1590 |
|---|---|---|---|---|
| 1634 | 1640 | 1681 | 1720 | 1900 |
| 2334 | 2340 | 2472 | 2534 | 2952 |

**PHOENICE**
1739

**PHYSCUS**

| 21 | 78 | 218 | 296 | 321 |
|---|---|---|---|---|
| 397 | 452 | 583 | 959 | 1109 |
| 1327 | 2046 | 2085 | 2346 | 2389 |
| 2686 | 2795 | 2838 | 2894 | 2895 |
| 2941 | 3000 | 3006 | 3049 | 3061 |
| 3080 | 3169 | | | |

**POTIDANIA**

| 753 | 1475 | 1714 |
|---|---|---|

**PYRASOS**

| 707 | 907 | 1251 | 1725 | 1866 |
|---|---|---|---|---|
| 2824 | | | | |

**PYRGOS**
1722

## PYTHIUM

| | | | | |
|---|---|---|---|---|
| 79 | 80 | 128 | 137 | 166 |
| 379 | 491 | 593 | 642 | 651 |
| 667 | 792 | 805 | 818 | 879 |
| 1020 | 1081 | 1201 | 1205 | 1262 |
| 1298 | 1479 | 1521 | 1529 | 1837 |
| 1881 | 1907 | 1917 | 2159 | 2162 |
| 2223 | 2291 | 2411 | 2637 | 2642 |
| 2733 | 2735 | 3145 | 3179 | 3230 |

## SCOTUSSA

| | | | | |
|---|---|---|---|---|
| 58 | 62 | 171 | 224 | 225 |
| 282 | 418 | 443 | 444 | 446 |
| 521 | 577 | 578 | 670 | 671 |
| 672 | 697 | 726 | 728 | 765 |
| 1041 | 1054 | 1100 | 1123 | 1157 |
| 1174 | 1204 | 1264 | 1287 | 1288 |
| 1297 | 1309 | 1472 | 1491 | 1552 |
| 1604 | 1705 | 1799 | 1833 | 1974 |
| 1983 | 2100 | 2151 | 2212 | 2486 |
| 2515 | 2551 | 2562 | 2568 | 2580 |
| 2718 | 2746 | 2747 | 2777 | 2779 |
| 2821 | 2825 | 2841 | 2957 | 3075 |
| 3133 | | | | |

## SKYDRA

| | |
|---|---|
| 288 | 2158 |

## STIRIS

| | | | | |
|---|---|---|---|---|
| 806 | 1116 | 2099 | 2116 | 2215 |
| 2243 | 2264 | 2412 | 2778 | 2840 |
| 3149 | | | | |

## SUVODOL

| | | | | |
|---|---|---|---|---|
| 1672 | 1673 | 2368 | 3095 | 3096 |

## TAENARUM

| | | | | |
|---|---|---|---|---|
| 1411 | 1473 | 1639 | 1641 | 1762 |
| 1933 | 1988 | 2054 | | |

**THAUMAKOI**

| | | | | |
|---|---|---|---|---|
| 103 | 358 | 393 | 761 | 857 |
| 1884 | 2112 | 2914 | 3001 | |

**THEBAE PHTHIOTIDES**

| | | | |
|---|---|---|---|
| 2009 | 2193 | 2234 | 2446 |

**THERA**

| | | | | |
|---|---|---|---|---|
| 77 | 96 | 106 | 107 | 110 |
| 136 | 211 | 212 | 238 | 253 |
| 267 | 268 | 323 | 355 | 362 |
| 382 | 423 | 456 | 457 | 458 |
| 459 | 664 | 665 | 666 | 676 |
| 690 | 793 | 807 | 825 | 1028 |
| 1029 | 1042 | 1045 | 1067 | 1073 |
| 1084 | 1085 | 1107 | 1130 | 1163 |
| 1164 | 1181 | 1235 | 1236 | 1249 |
| 1296 | 1388 | 1470 | 1484 | 1534 |
| 1563 | 1593 | 1623 | 1684 | 1697 |
| 1698 | 1700 | 1744 | 1893 | 1914 |
| 1984 | 2019 | 2272 | 2285 | 2292 |
| 2322 | 2323 | 2377 | 2392 | 2459 |
| 2476 | 2482 | 2483 | 2503 | 2539 |
| 2543 | 2589 | 2752 | 2898 | 3039 |
| 3052 | 3101 | 3127 | 3136 | 3201 |
| 3204 | | | | |

**THERMUS**

101

**THESPIAE**

| | | | | |
|---|---|---|---|---|
| 71 | 76 | 241 | 424 | 542 |
| 1118 | 2124 | 2477 | 2516 | 2610 |
| 3170 | | | | |

**THESSALONIKA**

| | | | | |
|---|---|---|---|---|
| 1359 | 1603 | 1675 | 1820 | 2552 |

**THESSALY**

| | | | | |
|---|---|---|---|---|
| 157 | 510 | 878 | 901 | 1165 |
| 1253 | 1421 | 1577 | 1803 | 1940 |
| 2192 | 2434 | 2608 | 2641 | 3085 |

THISBE
433     797      1047

TITHORA
1213    1996     2066    2129    2550
2924    2955

TOLOPHON
52

TOWN NEAR KOPHI
394     685      2560

TRICCA
1031    2178

# 1978
# Bibliotheca Epigraphica

**GREEK ABBREVIATIONS.** *Al. N. Oikonomides* (Ed.)
*ISBN 0-89005-049-X. 214pp.* ................................... **$10.00**

This handbook includes: *Abbreviations in Greek Inscriptions* by M. Avi-Yonah, F.G. Kenyon's *Abbreviations and Symbols in Greek Papyri*, T.W. Allen's *Abbreviations in Early Greek Printed Books* by Ostermann and Giegengack. This is the first and only compendium to cover the abbreviations used in *all* the written sources of the Greek language.

The epigraphist and the student of ancient history as well as the numismatist studying the Greek coin-inscriptions will discover that the handbook will soon become one of the most used volumes of their personal reference library.

## INSCRIPTIONES GRAECAE AD RES ROMANAS PERTINENTES

Ediderunt: R. Cagnat, J. Toutain, P. Jouguet et G. Lafaye.

A SET OF THREE VOLUMES CONTAINING A TOTAL OF **2,184** PAGES.
*ISBN 0-89005-073-2* ................................... **$75.00**

How important was the Greek language in the Roman empire, only the user of this set can actually visualize. Not only in the Eastern provinces but in Italy, Sicily and the Roman West an enormous number of Greek inscriptions of all kinds (starting from Letters of Emperors and other high officials of the Imperial government and ending with simple dedications and epitaphs) has been found. The information provided to the scholars from this invaluable group of epigraphical texts is of immense value and complete in many cases the evidence available from the Latin Inscriptions.

Vol. I (et II), **688pp.** Inscriptiones Europae et Africae
Vol. III, 695pp. Inscriptiones Asiae: Part i
Vol. IV, 743pp. Inscriptiones Asiae: Part ii

**Beautifully bound in red-cloth, gold-stamped.** (R. Paris 1911-1927).

## Abbr.: IG I² and IG II/III²

# INSCRIPTIONES GRAECAE
# [Editio Minor]
# INSCRIPTIONES ATTICAE

Ediderunt: F. Hiller de Gaertringen, I. Kirchner

A SET OF FIVE VOLUMES CONTAINING A TOTAL OF 2,952 PAGES.
ISBN 0-89005-013-9 .......................................... $125.00

The Inscriptions of Ancient Athens and Attica form the most popular among epigraphists and classical scholars series of Greek inscriptions. For a long time nobody thought they would be able to add this set to their personal libraries, but we made it possible. In our reprint, the complete contents of the seven original bulky tomes are offered in five handy cloth-bound and gold-stamped volumes.

A must for every classical scholar's library, the inscriptions contained in those five volumes offer not only little known poetry and prose from unknown and known Athenian writers but also a big number of public administration documents and texts providing new views on what is known about the government of the Athenian state and the private life of its population (from the sixth c. B.C. to the sixth century of our era).

**IG I²**: INSCRIPTIONES ATTICAE Euclidis Anno Anteriores. Ed. F. Hiller de Gaertringen (R. 1924) ............................................. $25.00
**IG II²**: INSCRIPTIONES ATTICAE Euclidis Anno Posteriores (1-1369)
(1-1369 + Add. Corr.) Ed. I. Kirchner (R. 1913-1916) ............ $25.00
**IG II²**: (1370-2788 + Arch. Tab. + Add. Corr.) Ed. I. Kirchner
(R. 1927-1931) ............................................... $25.00
**IG II²**: (2789-5219 + Ind. I, Arch. Tab. etc.) Ed. I. Kirchner
(R. 1935) .................................................... $25.00
**IG II²**: (5220-13247 + Add. + Add. Nova etc.) ED. I. Kirchner
(R. 1940) .................................................... $25.00

**CHOIX D'INSCRIPTIONS DE DELOS.** *Felix Durrbach* (Ed.)
ISBN 0-89005-190-9. viii + 294pp. Two Volumes bound in one ...... $25.00
A selection of the most important Greek historical inscriptions found during the excavating of sites on the island of Delos. With excellent commentaries and a detailed index. The inscriptions of Delos included in this volume (the only one published from the projected by the editor series) are especially interesting to the historians of the Hellenistic period and the later Greco-Roman period. (R. Paris 1921/2)

Abbr.: SIA I

# SUPPLEMENTUM INSCRIPTIONUM ATTICARUM I

*ISBN 0-89005-126-7*, x + 504 + 34 + 68pp. .................... $25.00

The first supplement to the series of the *Inscriptiones Atticae* published on the *'Editio Minor* of the *Inscriptiones Graecae*, the last volume of which was published in 1940. The SIA I, a volume needed by scholars and libraries who have either the original edition or our reprint (IG I$^2$ and IG II/III$^2$. Reprinted in 5 vols. Ares, Chicago, 1974. The set $125.00), adds to the series a great number of inscriptions (ed. R. Wuensch, W. Peek, G. Stamiris) found before 1940 in Athens and Attica, but not included in the series, as well as 1133 new inscriptions, readings, and restorations published between 1941 and 1957.

**Some comments about the new volume:** ". . . a first rate service to the whole profession." Sterling Dow, Harvard University. ". . . a major contribution to the study of Attic inscriptions, . . . this supplementary volume will be absolutely indispensable not only for individual scholars but also for scholarly libraries." A.E. Raubitschek, Stanford University. ". . . a most useful volume." E. Vanderpool. American School of Classical Studies of Athens.

[This series will continue so that it will include all the *Inscriptiones Atticae* discovered and published until 1978. SIA II is almost ready to be printed and SIA III in the final stage of preparation. *Standing orders for the series accepted*].

Abbr.: IG, IV I$^2$

# INSCRIPTIONES GRAECAE
# [Editio Minor]
## INSCRIPTIONES EPIDAURI

Edidit: *Fr. Hiller de Gaertringen*

*ISBN 0-89005-207-7.* xxxix + 220pp. + 4 plates (R. 1929) .......... **$25.00**

The volume contains all the inscriptions discovered in the excavations of the famous sanctuary of Apollo and Asklepios near the ancient city of Epidaurus. A group of Greek texts that revised our knowledge about ancient medicine and its practices and added also some very valuable hymns to the 'Anthologia Lyrica' (*Issyllos of Epidaurus*, etc.).

**RECUEIL D'INSCRIPTIONS GRECQUES. Supplements 1912-1927. Inscriptiones Atticae in RIG (Suppl.).** Ch. Michel
ISBN 0-89005-110-0. 235pp. .................................. $25.00

This previously hard-to-come-by source book is a must for any classical scholar and a necessary edition to any library's collection. Many of the inscriptions included are not found in the IG I$^2$ and IG II/III$^2$ or the early volumes of the *Supplementum Epigraphicum Graecum*.

**SELECT GREEK INSCRIPTIONS: Auswahl aus Griechischen Inschriften.** R. Helbing.
ISBN 0-89005-202-6. 138pp. ................................. $10.00

Helbing's AGI can be called the most unknown instructive collection of Greek Inscriptions planned to give to those who study the ancient world an idea of the enormous amount of information available from the epigraphical sources.

The collection includes 37 important documents, accompanied by detailed notes and commentaries (Text in the original Greek, notes and commentary in German). What makes this collection different is the wide range of interests covered by the inscriptions selected by Helbing. It includes documents such as: The treaty between Eleans and Heraeans (570 B.C.). The letter of Alexander the Great to the Chians (332 B.C.). The speech of the emperor Nero to the Greeks at Corinth (67 A.D.). The 'Chronicle' of Silko king of Nubia (6th c.A.D.) and many other interesting texts not included in other similar collections. (R. Berlin 1915).

**HISTORISCHE ATTISCHE INSCHRIFTEN.** Ernst Nachmanson.
ISBN 0-89005-113-5. 88pp. ................................... $8.00

One of the best reference collections of historical inscriptions from Athens and Attica, this is a very important work for the student of Athenian history, archaeology and topography. The collection covers the period 600 B.C. to 500 A.D. Valuable for introductory courses in Greek Epigraphy. (R. Bonn 1913).

# Prosopography

**SLAVES IN ANCIENT GREECE: A Prosopography from the Manumission Inscriptions.** Linda Collins Reilly
ISBN 0-89005-223-9. 200 pp. ................................. $25.00

The first complete attempt to form a prosopography of Greek slaves known from manumission inscriptions. This new work is for the first time published by ARES PUBLISHERS as a part of the program for the encouragement of studies on Greek Epigraphy and Prosopography.

This new prosopography is valuable not only because it establishes for the user how common were some of the slave-names, but also it gives a realistic picture about how little we know about slaves and slavery in the Greek World.

**FOREIGNERS IN ATTIC INSCRIPTIONS. A Prosopography Under Ethnics.**
H. Pope.
ISBN 0-89005-106-2. 231pp. (R. 1947) .......................... $20.00

**NON-ATHENIANS IN ATTIC INSCRIPTIONS. An Alphabetical Prosopography.**
H. Pope.
ISBN 0-89005-105-4. 173pp. (R. 1935) .......................... $15.00

In these two interesting works, which form a prosopography of all known non-Athenians and foreigners recorded in inscriptions found in Athens and Attica, the scholar will find a very important index to the set of *Inscriptiones Graecae*. This prosopography is of immense value to the historian, for it offers a rare opportunity to examine various cases of international law, the process of naturalization, the rights of non-Athenians, as well as the participation of these people in Athenian public and private life.

**HOPLITE GENERAL IN ANCIENT ATHENS & THE GENERALS OF THE HELLENISTIC AGE.** Th. Sarikakis.
ISBN 0-89005-102-X. 162pp. ................................... $15.00

A prosopography listing alphabetically all the Athenians who held the important post of hoplite general, accompanied by a monograph by the same author examining all known references to Athenian generals in the Hellenistic period. Both works have never before been available to scholars and libraries and they are very helpful for scholars working on Athenian history and epigraphy of the Hellenistic and Greco-Roman period. (R. 1951, 1953).

**ETYMOLOGICAL LEXICON OF CLASSICAL GREEK.** E.R. Wharton.
ISBN 0-89005-033-3. 192pp. ................................... $10.00

Authorative and handy classical Greek-English dictionary that includes many rare dialect forms and the roots of foreign words in the classical Greek language. A special section carefully analyzes the growth, change and structure of classical Greek, composition of compound nouns and pronunciation. (R. London 1882).

We will be very happy to process immediately your prepaid order (we accept your personal check* or money order)

* NOTE FOR OVERSEAS CUSTOMERS. Our bank subtracts a minimum of $7.00 from every foreign currency check. So please pay by a check in U.S. $ (easy to obtain from your bank) or with an International Money Order.

For Books on the Ancient World
Always Check the List of

**ARES PUBLISHERS Inc.**
7020 NORTH WESTERN AVENUE
CHICAGO, ILLINOIS 60645

PLEASE NOTE OUR NEW ADDRESS